新時代のリーダーに必要な12のチカラ

株式会社サンコミュニケーションズ
代表取締役社長
深澤哲洋
FUKASAWA TETSUHIRO

幻冬舎MC

新時代のリーダーに必要な12のチカラ

はじめに

まず本書を執筆するにあたって、簡単な自己紹介と、なぜこのようなビジネス書を書こうと考えたかについて簡単に触れたいと思います。

僕は、株式会社サンコミュニケーションズというイベントの企画・制作・プロデュース会社の代表取締役社長を務めています。創業は1979年と僕が生まれた翌年にできた老舗の制作プロダクションで、一時期は広告・イベント業界で業績2位という時代もあったようです。

過去にはつくば万博や愛・地球博のパビリオンのプロデュースや、東京スタジアムの建設コンサル、東京ミレナリオや、Jリーグの演出や表彰式、有名IT企業の展示会など数々のイベントを手掛けており、業界ではそこそこ名の知れたイベント会社です。

今でもIT系のイベントプロデュースや、プロ野球のオールスターゲームや世界大会の演出、さまざまなメーカーのプロモーション、行政、省庁、東京都のイベントなどの公共事業に加え、最近では人気芸人のYouTube制作などに幅広く従事しており、コロナ禍においても、年商15億円を超え、ありがたいことに30名弱の従業員と、日々クライアントに真摯に向き合いながら精進しています。

このように「イベント」と一言で言っても奥が深いもので、広くは広告業界というジャンルに分類されます。

時にはプロモーションや事業全般をプランニングしながら任されることもあれば、ウェブサイトや映像制作、ポスターやキービジュアルのデザインなどクリエイティブの一端を担うことも。そうかと思うと、空間デザインを設計したり、キャンペーン事務局を統率したり、イベントを含むさまざまな企画・制作・プロデュースを担当しますが、要するにそこには、必ずクライアントの皆さんの「課題」が存在し、それを解決するのが僕らの仕事なのです。

さて、そんな仕事に日々精を出しているなか突如現れた、「新型コロナウイルス」。何を隠そう、現在執筆中の僕も数日前にコロナ陽性の判定が出て、現在は新宿歌舞伎町にある東京都が手配してくれたホテル療養施設に入っていて、かれこれ1週間は家族に会えていない状況です。

そんなコロナの猛威により、真っ先に打撃を受けたこのイベント業界だったわけですが、奇《く》しくも社長の僕が今の会社の代表権を得たのも、コロナになりその打開策などさまざまな対応が必要になったことがきっかけでした。

この数年間、コロナ禍に会社を統率していくなかで、常に考えていたことがあります。それは、いかに社員を不安がらせず、明るく元気に「リーダーシップを発揮するか」です。窮地に追いやられたときこそリーダーの腕の見せ場。僕は会社の代表として、さまざまなプロジェクトやチームのリーダーとして、このコロナ禍において、どのような立ち振る舞いが求められているか？　どのように仲間たちと接するべきなのかを日々考えていました。

そんななかで、ふと我に返り「なぜ今、自分なんかがリーダーをやっているのか？」と自分と向き合うようにもなりました。

自分の半生を振り返ってみると、気づいたら僕は小さな頃から「リーダー」と呼ばれるポジションに身を置くことが多かった。確かに目立ちたがり屋ではあったかもしれない。しかし、なぜそんな責任のある〝リーダー〟であることができたのか？　その答えを自分で紐解いてみたくなったのです。

そして、リーダーにどのような「力《ちから》」が必要なのか僕の人生を振り返ってみると、大きく分けて以下の3つに分類できるのではないかと考えました。

1. キャラ系〇〇力

自論ですが、リーダーには「キャラクター」が大事であると考えます。ただし、どういうキャラクターがいいリーダーであるかという根拠や法則は必ずしもないと思っています。

本書で紹介するのは、僕自身や僕が出会ってきたリーダーを例に、どういうキャラクターがリーダーという性質にマッチしていたか、必要であったかを考えていきたいと思います。俺について来い、みたいな推進力あるリーダーがいてもよいし、なんだか頼りないけど人を惹きつける魅力のあるリーダーだっていてもいい。要するにリーダーも多様性なんです。

2. スキル系〇〇力

これは文字どおり、リーダーに必要なスキル＝能力です。僕の考える良きリーダーに必要なスキルの大部分は努力によって身につけることができると思いますので、これから紹介するスキル系のものに関しては、リーダーを目指すならぜひ習得してほしいと思います。スキル向上のためにはそれなりに努力が必要だったり、自分がそうでありたいという強い気持ちが必要だと思います。

3．トライ系〇〇力

これは単純に、これから「頑張ってそうしてみよう」というチャレンジ精神で変わることのできるチカラです。1．のキャラクターは自身の性格やタイプによっても、分かれるかもしれません。

また、2．のスキルも生まれ持った才能や生きてきたなかで習得してきた特殊技能かもしれません。しかし、3．については頑張ってトライすればよいのです。これからトライすることによって、リーダーとしての素質や素養を身につけることができるでしょう。

このように、本書はコロナによって大きく人々の価値観を変えた現代社会において、必要な力を、そして僕が今まで生きてきたなかで培ったノウハウやヒントを、今悩んでいる人たちに知っていただくことで、少しでも信頼され、頼られるリーダー育成の一助となればと思い執筆を決意しました。自分にどんな力があったのか、どんな力がリーダーには必要なのか、まだ現時点では出会えていないのかもしれません。しかし、本書を読み終える頃には、僕も、あなたも、立派なリーダーに少しでも近づくことができるのではないでしょうか？　最後までどうぞお付き合いくださいませ。

リーダーとなることが多かった幼少期〜現在

本来ならすぐに本題の章に入りたいところですが、先ほど「はじめに」の部分でも語ったように、僕は生まれてから大人になり今のポジションに至るまでの間、さまざまな境遇、コミュニティでリーダーを任されてきました。

そこで、はじめに自己紹介がてら、僕自身が歩んできた道について知っていただこうと思います。興味のない方は、次の章からどうぞ（笑）。

僕は1978年に東京都小金井市で生まれ、3人兄弟の次男坊として小さい頃から兄と弟の顔色を見ながらバランスを取っていたような気がします。我が家は親父が学習院大学卒業で、母親が上智大学卒業と少々インテリな家庭でしたが、決して特別お金持ちだったわけではなく、父は転職を繰り返し、母は進研ゼミの赤ペン先生を在宅で続けながら、息子3人を大学まで卒業させてくれました。

兄と弟は勉強が得意で、いわゆる秀才タイプでした。一方どうしてか、僕は勉強があまり得意ではなく、成績も普通。そのかわりに体は兄弟で一番大きく、スポーツ、美術、音楽が得意でした。

小学校の頃は、活発で少年野球と少年サッカーのチームにダブルで所属する一方、小1からピアノを習い、加えて美術教室にも通っていました。野球はうまくはなかったのですが副キャプテンを務め、学校では何度か学級委員長を務めており、クラスのムードメーカーでした。また、目立ちたがり屋で、体が大きく足が速かったので女の子にはわりとモテていましたし、小学校最後の文化祭では異例の出し物、コント・落語・バンドを一つのステージ枠で披露し、一躍学校中の話題をかっさらったこともありました。

中学に入ると、足の速さを生かして陸上部に入部し、部長を務めました。1年生のときは学級委員長と全体の学年委員長を務めました。今でも覚えているのですが、中2のときに、別のクラスの先生に呼び出され「生徒会長に立候補してくれないか？」と直接頼まれたこともありました。

そのときにはすでに他の立候補者がいたのですが、その子が女子生徒だったのです。先生は、女子生徒ではなく、男の僕に生徒会長になってほしかったのだそうです。いま思うと特定の生徒に教師が直談判するのも変だし、ジェンダー問題でその先生が批判されそうですが。

しかしながら、当時の僕は過酷な受験戦争を控えており、優秀な兄に「生徒会長になったら忙しくて受験落ちるよ」と言われ、生徒会長の推薦を断ることにしました。

その後、勉強があまり好きではなかった僕も、一生のうちで一番努力し勉強をしたのが中3のときで、なんとか希望校の慶應義塾志木高等学校に補欠一番で入学することができました。年間の授業料が高い私立に、高校・大学と7年間通わせてくれた両親と、受験のサポートをしてくれた兄にはとても感謝をしています。

高校に入ると、さすがは慶應で、周りは各学校のクラスで一番のやつらばかり集まっていました。勉強もスポーツも到底勝てないわけで、さっそく高校1年生から留年すれすれだったのですが、そこで音楽＝バンドと出会います。これがのちに、今の会社に入る前の27歳まで続けていたバンド人生の原型だったのです。

ちなみに、この頃もう一つ、僕の人生に大きな影響を与えたものがあります。それはアルバイト。地元の和食レストランの調理係で、高2から始めて、今の会社に就職するまでずっと続けていました。一時は実験店と呼ばれる全店舗の新メニューを先行して実験的に提供する店の、バイトリーダーを務めていました。

僕はいろいろなことをこのアルバイト先で学び、高校生ながら宴会の幹事として、店の予約連絡や会費の徴収、主役へのプレゼントの手配、乾杯の挨拶なども経験させてもらいました。ついでに言うと、二つ歳上の当時看護学生だった今の奥さんもこのアルバイト先で出会い、19歳のときから付き合って現在は結婚20年目を迎えました。

その後、大学に進学しバイトリーダーを続けながら、一方で高校時代のバンドのボーカルと一緒に音楽も続け、結局その夢を諦めずに卒業後も音楽の道を目指すことにします。ちなみに、そのユニット（のちにバンドになる）でもリーダーを務めていました。慶應義塾大学の経済学部には、高校からのエスカレーター式で入学し、高い授業料を払ってもらいながらなんとか留年せず現役で卒業。そうかと思うと就職活動は一切行わず、音楽でプロを目指したいと思っていました。

かなり親不孝だったのですが、両親は最後まで僕の音楽活動を応援してくれ、ＣＤを買ってくれたり、ライブに足を運んでくれたりしました。

大学を卒業すると、レストランのバイトリーダーをするかたわら、テレアポ営業という新たな自分の才能に気づきました。いわゆる電話で契約をとるテレフォンアポイントでは、１００人くらいが在籍するコールセンターで成績トップを獲得し、バイト入社２ヵ月でチームリーダーに昇格し、電話を自分で掛けずに掛けさせる側に回りました。

一方の音楽活動では、一時はワンマンライブで500人キャパのライブハウスを満員にしたり、インディーズレーベルからCDを発売したりと、わりといいところまでいったのですが、27歳のときにその夢は破れます。

当時、僕は結婚をしていたので、今まで好きなことをこれだけやらせてもらったのだから、とすっぱり諦めてすぐに就職活動をしました。しかし、大学生のときに就職活動を一切したことがなかったのでやり方もわからず、また28歳社会人経験なしということもあり、登録した転職サイトから紹介される面接でも落ちに落ちていました。

そんななか、僕を面白がってくれたのが今僕が代表を務める会社、サンコミュニケーションズでした。業界未経験、28歳既卒、当時を振り返るとよく雇ってくれたなと思いますが、僕はこのイベント制作会社で第二の人生を歩みだしました。そして、そこから約10年ちょっと、39歳で社長になったのでした。

自分の人生をこうして短く振り返ると、やはりそのときそのときのポジションやコミュニティの中で「リーダー」を担うことが多かったように思います。それはなぜかと自分なりに分析すると3つ理由が挙げられるでしょう。

まずは、目立ちたがり屋であったから。一団員ではなく、リーダーのポジションに立とうとしたのは、人より目立ちたかったり、注目を浴びたかった衝動の表れだったのだと思いました。承認欲求や自己肯定感が高かったのかもしれません。

次に、今の仕事にも通じますが発想や企画が好きだったからです。何か物事を考えるときに積極的に自分のアイデアや、やりたいことを主張し、それをみんなで作り上げてきた結果、一番実行しやすいリーダーというポジションに自分の身を置いたのだと思います。

最後は、人の良いところを見つけるのが得意だったからです。基本的に平和主義で、いじめや仲間はずれは大嫌いなのですが、それぞれの得意不得意や、キャラクターで良いところを見つけるのが好きで、それを適切な役割やポジションに差配する、いわゆる仕切り屋さんだったのかもしれません。

ひょっとすると、これらの理由が社会においては、リーダーや経営者として自分が少しだけ向いていた所以《ゆえん》なのかもしれないなと思いながら本題に入りたいと思います。

contents

第3のチカラ≫ トライ系○○力
～努力でリーダーになれる～

第1のチカラ

≫

キャラ系○○力

～人を惹きつけるリーダーの魅力～

いじられ力

リーダーにもう威厳はいらない？「いじられ力」を身につけよう

まずはみなさんのなかにある、リーダーの固定概念、イメージを柔らかくするところから始めたいと思います。

リーダーといえば、リーダーシップというくらいで、統率力や推進力、決断力など他の人にはできない、いざというときの判断を含め、仲間たちを率いて前に突き進む力が必要です。しかし、果たしてそんな我が道をゆくタイプのリーダーは、今の時代に本当に必要でしょうか？

最初から極論を言いたいわけではないのですが、僕はどうしても人に命令をしたり、上から指示したり、強要することが好きなほうではありません。しかし、周りにいる方々を思い浮かべてほしいのですが、多くのリーダーはカリスマ性とも言うのでしょうか、何か物を言わせない雰囲気やとっつきにくいようなところがありませんでしょうか。そして、それは本当に今の時代に理想のリーダー像なのでしょうか。

僕自身、今の業界に28歳未経験で入社したスロースターターで、右も左もわからない状態から徐々に仕事を覚えていきました。そんなド新人の状態から社長になってわかったのが、理想的なリーダーほど接しやすく、なんでも話しやすいということです。

その接しやすさと話しやすさをもう少し紐解いてみると「いじられる」という一つのワードに辿り着きました。自分自身もそういえば、昔から人の上に立つポジションにいてもなんだかいつも「いじられる」と思い当たる節があります。

いじられる髪型とキャラクター

僕はバンド時代からもじゃもじゃのパーマヘアを続けています。実はこれヴァン・ヘイレンというアメリカのロックバンドの2代目ボーカルであるサミー・ヘイガーに憧れて、それにインスパイアされているのです。ただ、そんなマニアックなことを言っても誰もへーとはならないので、あの情熱的な大陸にいる「某有名バイオリニストみたい」と言うことにしています。

最近はフォルム（体型）も似てきたため、ありがたいことに初めての方でも「Hさんみたい」とネタに言われることが多々あります。僕自身イベントの仕事をしているおかげで、ご本人とはかれこれ4回くらいお会いしたことがあり、本当に本人に成り代わってリハーサルの代役（スタンドイン）をあえて務めて、広告代理店の方にいじられたりしたこともあります。

今まで嬉しかったのは、朝ドラの主演も務めた有名女優さんとHさん本人のイベントでご一緒したときに、

「Hさんに似てますね？　やっぱり意識してるんですか？」

といじられたことです。一流女優にいじられたら大したもんです。そんなこんなで、勝手に親近感が湧いておりまして、妻がHさんを好きなこともあり、僕の次女の名前をその方の娘さんの名前から勝手にいただいたりしました。名前の響きを聞いて素敵だと思い、妻に提案して採用になりました。

このように、先輩からも後輩からも初対面の方にも髪型をいじってもらうことがよくあります。仕事をする上で個性は大事だと思い、今でも続けているこのパーマヘアですが、

思わぬ効果がそこにあったようです。髪型をいじられようが僕はそれでムッとすることもなく、快くノリツッコミをしてみたり、トイプードルみたい、と若い女の子に髪の毛を触ってもらって喜んだり、バイオリンを弾く真似をしたり、にこやかにしています。

娘にいじられるという現代の親子関係

先日、中3の娘のＬＩＮＥを見ると僕の登録名がＨたろうくんになっていました。これはさすがにショックで、実の娘にいじられだしたら、父の威厳はもう崩壊しています。しかしふと、これは現代ならではの新しい親子関係の象徴なのだなと、感じた瞬間でもありました。

僕の親父は3年前のクリスマスに他界したのですが、昭和の頑固親父といった感じの、時に厳しい人でした。昔、親父に言われたことでよく思い出すのが、次の言葉です。

「お前は誰に似たのか、人付き合いが上手で誰からも好かれる性格で羨ましい。俺はそれができなかったし、お前の兄や弟もそんなに得意ではないと思う」

確かに、親父は誰とでも仲良くできるタイプではなく、どちらかというと人付き合いが苦手で、好き嫌いも激しかった。そんな親父から僕は、自分のようにならずにお前の良いところを伸ばして頑張れ、というメッセージをもらったことを今でもよく覚えています。

時を経て自分も親になり、今では3人の娘の父親となりました。男兄弟と女姉妹では違うだろうし、生きている時代も違う。けれども、自然と僕は親父を反面教師にしているのか、あのとっつきにくく、決していじることのできない親父とは真逆の、にこやかで友達のような親子関係を自然と築いていています。

親父なんて思春期には娘から煙たがられる、それは仕方のないことだと思いつつも、娘の好きな音楽や動画、ゲームを一緒に共有しながら、「パパはいつも面白いコンテンツを提供してくれる」と思われるように密かに努力をしているのです。

しかも、都合よく我が家は妻が厳しい役を買って出てくれているので、僕は常にフォロー側でいることができる。そんな妻のおかげもあって、良好な親子関係が維持できており、僕はたとえ娘からであろうが、いじりやすい存在でいられて嬉しいなと、LINEの名前を見て感じました。

いじられることで、周りの関係値のなかで、「あっ、この人はこのくらいいじっても平気な人なんだ」とインプットされるわけです。くれぐれも言っておきますが、プライドがないわけでも、お人好しなわけでもないです。

ただ、この「いじられる」という行為が、芸人さんでいうところの「おいしい」ということが意識できるとよいのです。相手がいじるという時点で心を許しており、そこには心の壁が取られながら一方で信頼関係が築かれてもいるのです。そしてそれは、親子関係でも仕事の関係でも友人関係でも夫婦関係でも、円滑で良好な関係構築には必要なことなのかもしれません。

正しい「いじられ方」は二択

では実際に正しく「いじられる」にはどうすれば良いのか。コロナ禍になってから吉本芸人ダイノジさんのYouTubeやお笑いイベントの制作をしているので、芸人さんとお話しする機会が多いのですが、もともと「いじる」や「いじられる」という言葉が世間一般に広まったのもお笑い芸人さんの影響が大きいです。演劇や舞台の世界の「客いじり」や、バラエティ番組でのお決まりのやり取り、最近では「容姿いじり」はしづらくなったようですが、お笑いの世界でプロが高い技術を持って行うこの「いじり」と「いじられ」方について以前、何が大事かを芸人さんから聞いたことがあります。

それは、いじられる方の「受け」が大事なのだそうです。とにかく「受け」がしっかりしていないと、いじってる方も悪者になってしまうし、周りの空気も変な感じになってしまいます。

「受け」のコツですが、割と両極端のやり方で、二つに分かれます。

一つは、「受け」というからには、素直に「受け入れる」というやり方です。例えば僕でいえば、髪の毛がもじゃもじゃだとか、声が高いとか、顔がデカいなどといじられたとして、それに対してムッとしたりイラッとしたりせず、そのまま受け入れる。そこにはプライドはいらなくて、自虐も含め、言い返す時も明るくにこやかに返す。なんなら自分の中で「いじってもらえてありがたい」くらい思えるようにすることです。先ほども言ったとおり、そうなるにはお互いの信頼関係や愛がないと成立はしませんが、どうやらこの「受け」が中途半端なのが一番よろしくないのだと。僕も改めて自分がいじられた時の行動を振り返ってみましたが、確かに自分自身でその「いじり」を肯定し受け入れることで、周りを和やかにしていたのだと気づきました。

そしてもう一つのやり方は真逆で、いじられたことに関して全く「自覚がない」という

「受け」をすることです。これはある種、天然であったり、実はプライドが高い人が向いていて、やろうと思って意図的にするのは難しいのかもしれません。いじられたことに関して「自分は全く心当たりがない」「むしろこの人は何を言っているんだろう？」というのを、作らず本心で思いながら、いじりに対して真剣に向き合うのが良いでしょう。

例えば、髪型をいじられても、自分はそれをかっこいいと思っているので笑われている意味がわからない。見た目がかっこ悪いと言われても、自分は男前だと信じている。この時本人が自覚している自然な「受け」やその反応によって、すれ違いがおこり、活発な笑いになるのです。この時、いっさいの自虐は存在せず、相手にはこの「いじり」は全く通用しないんだ、という世界観の勝負になってきます。和やか、というよりは反発・反論する際のやりとりも含め、俯瞰で見て面白いという構造です。

ということで、もしリーダーのあなたが人からいじられたとしたら、それは周りからいじってもらえるだけの隙があるという評価であり、その時をチャンスと捉えて自分に合った「受け」で対応すると良いと思います。その時は二つのうちのどちらかに振り切って、中途半端はやめましょう。

「いじる」「いじられる」という構造と行動原則

最後に、いじる・いじられるうえでの注意点をお伝えしておきましょう。ここを間違えると、僕が良しとしている「いじられ力」が意味のないものになってしまいます。「いじる」行為は、その立場やヒエラルキーによっては、馬鹿にする行為や舐めた態度、ひいてはいじめに発展する危険性があります。そこで重要なのは愛を持っていじっているか否かだと僕は考えます。

この人はこれくらいいじっても笑って許してくれる。この人は自分をいじってくるが、そこには愛があっていじってくれている。そんな信頼関係がなければ成立しない比較的高度なコミュニケーションかもしれません。

僕の言う「いじられ力」を持ったリーダーは、リーダーという立場やポジションがありながらも、相手にいじってもよいと思わせる心の広さを持っているということです。いじられても怒らないでユーモアで返す。そんな大らかさがリーダーには必要なのです。

リーダーであることはそんなに楽なことではありません。ヘラヘラしたくないときもあるし、本当に命をかけた決断をしなければいけないときもあります。でも、だからといって威圧感を与えたり、自分勝手に突き進んでも周りはついてきません。時にいじられ、それに対して笑って返す余裕があってこそ、人から好かれるリーダーなのです。

いじられることを容認する広い心を持つこと。いじられても笑える寛大さを持つこと。あなたは、周りの人にいじられていますか？　ひょっとしていじらせないオーラを出していませんでしょうか。良いリーダーには「いじられ力」が必要なのです。

社長コラム

「後輩力を身につける」の話

＊社長コラムでは過去に社員に向けて書いた文章を加筆修正、抜粋して紹介します。

「後輩力」の話をしようと思います。

この仕事をしていると、人から好かれたり、気に入られたり、円滑なコミュニケーションをする際に相手が歳上だったり、先輩の場合は全てにおいて「可愛い後輩」や「優秀な後輩」であることが求められます。

いまどき先輩、後輩もないだろ？と思うことはありますが、そうはいっても一緒にいて楽だったり、楽しかったり、盛り上げてくれたりと後輩ならではの人付き合いはありそうです。

これは以前、カラテカの入江慎也さんから聞いたのですが（彼の著書や講演でもよく話されていた）、「後輩力」を身につけるには、３つの大切なこと＝ＷＢＣが必要だと。

ではＷＢＣとは何を指すのでしょうか？　一つずつご紹介します。

W＝笑う

話している時によく笑いましょう。楽しい話には爆笑してもよいし、普段からニコニコしたり、とにかくぶっきらぼうよりも「笑顔」が大事ですね。よく笑ってくれると相手もおのずと楽しくなりますし、話しやすかったりします。

B＝びっくりする

これはいわゆるリアクションですね。「まじすか!?」と驚いたり、「へー！」と感心したり、「初めて聞きました！」とか、「すごいですね！」とか。何でも良いのですが、反応が良いのは大事です。わざとらしくない程度に「びっくり」すると、相手も気持ちよく接してくると思います。

C＝チェックする

相手の情報をよく把握しておきましょう。例えば好きな食べ物、苦手な食べ物、誕生日や出身地などの基本情報。相手がＳＮＳをやっていたらこまめにチェックするのも良いと思います。要するに相手のことを知る＝興味を持つことなのです。

以上は完全に受け売りですがこのＷＢＣをみなさんも実践してみてください。特に若いみなさんは、これから先出会う歳上の人はみな先輩です。キャリアや役職は追い抜くことはできますが、年は当たり前ですが誰もが同じだけ取るので、後輩は一生後輩なわけです。

また年齢に関係なく、歳下でもクライアントは敬わなければならないとすると、結局後輩的な立場になります。そうなると、40代で社長である僕もいまだに周りは先輩だらけなわけで、普段「後輩」でいるシーンはまだまだたくさんあります。

この歳になっても自分が「後輩」の立場であるシーンが多いのであれば、諦めて「後輩」に徹するのが得策と開き直ればいいと思います。ポイントは自然とできるようになること。みなさんも、「後輩力」を身につけて世の中をうまく渡っていきましょう。

頼まれ力

「頼まれ力」で、コミュニケーション量を稼ごう

僕は昔から何かと人から頼まれやすい性格でした。歩いていると道を尋ねられたり、街中で変なアンケートを頼まれたり、知り合いからお金を貸してほしいと言われたり。自分でも、何かみんなで成し遂げなくてはならない作業や、目標に向かって進むための労力を、比較的惜しまないほうで、人から頼まれるとついつい安請け合いではないですが、わりと断らずにしてしまうタイプだと思います。

つまり、自己分析すると僕は「頼みやすい」人だったのかもしれません。本書のテーマであるリーダーとしての素質を考えていたとき、この「頼まれる」がどうやらキーワードになりそうだと思い至りました。

世間一般のリーダーたちは仕事やプロジェクトを任せることのできる「頼まれる」存在

だと思います。あなたの周りにいるリーダーもクライアントの信頼も厚く、何かと困ったときに頼まれ事が多いのではないでしょうか？

クライアントからの金曜夕方の電話は気をつけろ？

これまで僕がいろいろな先輩から学ばせてもらったなかで、印象に残っているアドバイスがあります。それは、「クライアントから金曜日の夕方以降に電話があっても決して出るな」です。その時間からのお願いなんて、どうせろくなことはないから気をつけたほうが良いのだと。

広告業界ではあるあるなのですが、金曜日になると翌週に提案するための企画作成の話がやってくることが多いのです。しかも営業日を終えて、これからまさに華金《はなきん》を迎えようとしている夕方に特に多い。

広告業界の序列には何段階かあって、自分にとってのクライアントには、またその上にクライアントがいて、辿っていくとどこかで金曜日にもかかわらず、無茶な要求をしてくる人がいるらしい。いや、その人にとって金曜日でも、実はその一つ前の依頼は木曜日で、またその前は水曜日に出た話かもしれません。しかしながら、結局は金曜日までずれ込み「すまん、どうしてもこの資料を月曜日の午前中までに出さなくてはいけなくて、お願いできない？」という無茶振りをされることが多々あるのです。

先輩の助言は、

「金曜日に頼まれて月曜提出なんて、土日は休むなって言っているのと同じ。そんな無茶な要求は、はなっから受けなくていいから電話に出るな」

という、後輩を守るための至極ごもっともなアドバイスだったのです。ただ、当時から僕は少し違った視点を持っていました。

確かに無茶な要求を平気でしてくる人もたくさんいます。ですが、逆の立場になって考えたとき、なぜその人は金曜日に、わざわざ自分に連絡をしてきたのでしょうか。もしかして、他に頼める人がいなくて、そのときに僕の顔がふと浮かんだのではないでしょうか。だとすると、それって実はものすごいチャンスなんじゃないかと。もしその人がよく知っているクライアントだったら、その人の性格も熟知しているはずです。お世話になっている人であれば、電話に出て協力し、恩を売るのも一つの手だと僕は思います。

あるいは、とても久しぶりな珍しい人からの電話だったらどうでしょうか。ひょっとしたら何人か断られた後かもしれませんが、そんな人が、何かのきっかけで自分の顔を思い出して連絡をしてくれているのかもしれません。

つまり、あなたは少なくともそのクライアントから「頼みやすい人」つまり、「頼まれ力」のある人だったのです。僕は、もちろん華金で飲みにも行きたいし、土日もゆっくり休みたいですが、先輩のアドバイスを反面教師に、営業バリバリのときには金曜日の夕方以降の電話には出るようにしていました。

「もしもし、こんなタイミングにどうかされましたか？　何かお困りですか？」と。

物事を「頼まれる人」と「頼まれない人」の違い

自分が困っているとき、何か物事を頼みたいとき、あなたの周りの人たちを思い浮かべてみてください。上司でも部下でも友達でもいいです。その中には、頼みやすい人と頼みづらい人がいませんか。そして客観的に見た場合、あなたはどうでしょうか。頼みやすい人ですか？　頼みづらい人ですか？

新人さんには特に理解しておいてほしいのですが、不思議なもので、頼みづらい人はおそらく出世できない人です。なぜかというと、仕事を頼まれないということはその分、仕事を任されないということになり、上司や周りとのコミュニケーション量もその分、少ないからです。頼まれやすい新人のほうが、すぐに仕事を覚えて成長できるのだと僕は考えます。

コミュニケーション量というのは一つの重要な指標になります。普段生活していて、どれだけ人とコミュニケーションがとれるか、その会話の量であったり、接点の総量をイメージしてください。コミュニケーション量の大小は、その分の人との信頼度や親密度に比例し、人間関係の構築にはとても大切です。

挨拶は基本！　挨拶する人には頼みやすい

コミュニケーション量に関連する話ですが、小さい頃から挨拶をしなさいと親にも先生にも言われますよね。顔を合わせたら「おはよう」「こんにちは」、何かお礼を言うときは「ありがとう」、別れ際は「さようなら」。挨拶が基本といわれる所以は、挨拶の数だけそこにコミュニケーションが生まれるからです。仕事柄、芸人さんとよくお仕事をご一緒するのですが、芸人の世界では一般の社会人以上にとても挨拶を重んじます。

よくテレビ番組の楽屋挨拶のエピソードなどを聞きますよね。以前とあるイベントで、芸人さんが挨拶をしないで入ってきたスタッフに、「ちゃんとお客さんに挨拶をしなさい」と怒っていた場面に遭遇したことがあります。

僕はそれを間近で見たときから、必ずきちんと挨拶をするように心がけています。例えば、ふと違う部屋に入ってしまったときや気づいたらその場にいるようなときでも、その日初めて会った際には必ず「おはようございます」と挨拶をするし、会場に入ったことを察知したら、必ずその人の近くに行って挨拶をするようにしています。

挨拶をすることで、お互い気持ちよくコミュニケーションがスタートし、良好な関係を築くことができます。挨拶によって、「私はあなたの仲間ですよ」というような意思表示ができるのです。自論ですが、「頼みやすい人」「頼まれやすい人」はおそらく、気持ちのよい挨拶ができる人なんだと思います。

「頼《たの》まれる」と「頼《たよ》れる」は同じ漢字

ここまでいろいろ話をしてきましたが、「頼まれる」と「頼れる」が同じ漢字だったことに気づきましたでしょうか。どうやらここにヒントがありそうです。

「頼む」の類義語は、お願いする、願う、依頼するなど。一方「頼る」の類義語は、信任、見込む、信頼するなど。それぞれ微妙なニュアンスで言葉の意味は違ってきますが、僕の言いたい「頼まれ力」の背景は、任せて頼れる存在として、〝自分を選ばせる力〟のことです。

また、信頼の「頼」も同じ漢字です。頼みやすさも、ただ単にお人好しで受けるのではなく、そこにはきちんと頼られて、信頼関係があってこそのリーダーなのではないでしょうか。みなさんも、そうやって信頼の下に人から物事を頼まれる存在なのかどうか、そして同時に頼られているのか、周りの顔を思い浮かべてみてください。

社長コラム

「仕事が来ない一つの理由」の話

自分が仕事を頼むシーンを想像してみて、「どういう人に仕事を頼むか？」と考えたときに思い浮かべるのが「仕事を断らない人」です。逆説でいうと、「仕事を断る人」には、一度は依頼の話が来ても、次がなかなか来ません。

なぜなら、相手に対して「また頼んだら断られるかもしれない」という不安を与えているからです。人はわざわざ断られるかもしれないリスクを選びません。もちろん、その人の絶対的な付加価値が確立されていれば、「断られるかもしれないけど、めげずに頼んでみよう」となることもあると思います。

ですが、なかなかそこまで自分をブランディングするのは難しいです。

昔、クライアントに久しぶりに連絡して、「仕事くださいよ」とか、「最近連絡くれませんよね？」と伝えたときに「だって、いついつの時仕事お願いしたのに断ったからなぁ」と言われてしまったことがありました。断ったのは随分前のことで忘れかけていましたが、断られたほうの記憶って、いつまでも残ってるんです。

今の時代はなんでもかんでも仕事を受けるものではなく、時には断る勇気も必要だと思いますが、いかんせんそうやって仕事を断るのであれば、しばらくその人から仕事が来ないことを覚悟しなくてはなりません。ということで仕事を頼まれても応じるのが難しいときに、次につなげる方法を3つお伝えします。わりと当たり前のことですが参考にしてください。

1．断らずに「社内でできる人がいないか？」確認する

自分や、自分のチームでできない場合は、社内で他のチームに聞いてみましょう。せっかく振られた仕事の機会損失をしないためにも、社内で受けられる人がいないか確認しましょう。社内でつないでおけば、また次の仕事は来るはずです。

2．断らずに「部分的に」依頼を受ける

誰しもスケジュールがつまっているときや、仕事のキャパが限界なときがあります。そこは正直に伝えたうえで、「このパートだけだったらできます」とか、「ここはやりますので、こっちは他でお願いします」と、部分的に関わることができないかトライしてみましょう。部分的にでもつないでおけば、同じく、また次の仕事は来るはずです。

3．断らずに「誰かを紹介」する

あまり使いたくはありませんが、断って他のプロダクションに仕事が流れるくらいであれば、例えば自分のブレーンや協力会社さんを紹介してつなぐのも手です。そこでうまくいった場合、次はそっちに仕事が流れるかもしれませんが、知らないところに流れるよりはましです。「今回は紹介になってしまったけれど次回はお願いします」と、また次の仕事がくる可能性はあります。

ここまで仕事を断らないためのコツを書きましたが、シンプルなようで実は人間の心理を表した残酷な行動がそこにはあります。

「一度仕事を断ったやつには、二度と頼まない」

もちろんそんな人ばかりではありませんが、このくらいに思っておいたほうが良いでしょう。

そもそも仕事をくれる、仕事の相談を自分にしてくれていること自体が、非常にありがたいことなので、なるべくならその期待に応えられるようにしましょう。

平和力

男3人兄弟のなかでの、平和的なポジショニング

世界ではロシアのウクライナ侵攻がいまだ終わらないままで、決して平和とは言えない社会が続いています。僕が子どもの頃は湾岸戦争などもあったし、第一次・二次世界大戦なども学校で学び、憲法9条に関しても、小学校の授業で暗記をさせられた覚えがあります。

僕はもちろん戦争は大反対で、そんなものは今すぐにでもなくなるべきだと考えていますし、思い返せば昔から争い事や喧嘩なんかもあまり好きではありませんでした。

もちろん小さい頃は、一学年下の弟とはよく喧嘩をしましたが、喧嘩をするたびに親父に怒られ、泣いていました。ひどいときはベランダに放り出され、反省するまで家の中に入れてくれないこともあったりして、いつしか僕は兄と弟の顔色をうかがうようになり、

なるべく争い事が起こらないようにうまいことバランスを取るようになっていたのだと思います。

兄弟3人で将棋や囲碁、ゲームなどをよくリーグ戦形式で行っていましたが、兄のメンツを立てつつ、負けるとかんしゃくを起こして泣きながら勝つまで勝負を続ける弟に対してはわざと負けるように手を抜いたりしていたことを思い出しました。

勝負の世界は末っ子が一番強いなどとよく言いますが、そういう理由なのかもしれません。どうりで僕はスポーツをやっても勉強をやっても一番にはなれないはずです。そつなくそこそこの成績は収めはするが、勝ちへの執着心があまりなかったのでしょう。

しかしながら、僕には親父にも褒められていたように、兄や弟にはできない、人の顔色をうかがいながら絶妙なバランス調整をしながら、人とコミュニケーションをとるという、世渡りの術が自然と身についていたのです。

敵と味方をつくるか？　つくらないか

イベント制作の仕事をしていると、ものすごい人数の人たちと一緒に仕事をすることがあります。プロジェクトによっては100人を超える方々を率いることもざらで、そのたびに覚えきれないくらいの人たちと同じゴールに向かって、リーダーとして仕事を推進します。

もちろん、優秀なクリエイティブ制作のためにはさまざまな専門家がいて、それぞれが現場を取り仕切るのは当たり前ですが、僕はプロジェクトリーダーであったり、責任者の立場で業務をプロモートすることが多いのです。

このようなプロデューサーという仕事のなかで、一つ僕が魅力的に思うところがあって、それは一緒に仕事をするメンバーを自分で決められることです。

発注先である協力会社に関しては、その采配はプロデューサーに多くの権限があり、ある程度のキャリアを積むとプロジェクトメンバーを自分で選出することができます。それぞれの仕事ごとに、適材適所の才能やスキルを持った協力会社のスタッフをアサイン（割り当てる）し、プロジェクトを円滑に推進する。そうなると、僕のことを信頼してくれるスタッフや頼みやすいスタッフ、特別な才能に秀でたスタッフなど、自分にとってやりやすい最強の布陣を周りに配置することができます。

また、そもそもそういうメンバーとの信頼関係を築き、いかにチームビルディングしていけるかが一つの成功への近道であり、たとえ自分にあまり実力がなくても優秀なチームを率いることができ、プロジェクトを全うできると次々と大きな仕事を任されるようになったりするのです。

そんなプロジェクトマネジメントやチームビルディングで僕が意識をしているのは、敵・味方をつくらないことです。

よく自分のチームを編成する際に、好きな人とばかり組んでしまう人が多いです。確かに、「自分のやりやすい布陣を揃える。それが魅力である」とは伝えましたが、好きな人とばかり仕事をしすぎてしまうことは時に良い結果を生まないことがあります。

これは裏を返せば「嫌いな人とは仕事をしない」ということで、もちろん嫌いな人とは誰でもあまり仕事は一緒にしたくないものですが、そのデメリットも少し考えてみたいと思います。

ちなみに、みなさんはどのような価値観で人を嫌いになりますか？　例えば、たった一度のミスをしたことによって、「この人（会社）はもう使えないやつだ」とか、少しの嫌な出来事を根に持って、その人や会社を排除することはありませんか。

自分が少しでも気に食わない人を排除してしまうと、いざというときに自分のことを助けてくれる人の数が減ってしまいます。また、自分のやりやすいメンバーだけ集めると、自分には何も言えないイエスマンだけのチームになってしまう危険性もあります。

僕は意識的に、「平和力」を持って少しのことでは人を見放したり、嫌いになったり、排除したりはしないようにしています。たとえ今回はミスをしても、次は成長してうまくいくかもしれない。また、今度は自分にとってその人が助けになるかもしれない、そう思うようにしています。つまり、好きな人は近くに配置し、そうでない人もいつでも一緒に戦えるように、関係はつないでおくのです。

人事における雇用者の責任

僕は会社の先代の社長（現会長）に教わったことで今でも守っていることがあります。僕が社長になりたての頃、会長はこんなことを僕に言いました。

「経営者にとって一番大事なことはなんだと思う？」

僕は少し考え、「決断力や推進力です」と答えました。すると会長は、

「社員の雇用を守ることだ」

と答えました。経営者たるもの、一度雇用した社員は雇用し続ける責任がある。たとえその人の出来が悪くても、その人にも生活や家族があり、その雇用を守ってこそ経営者だし、そもそもその人を選んだ自分の責任なのだと。

経営者であれば、人事をするうえでも好き嫌いだけでは務まらないことが多々あります。仕事の覚えが悪かったり、出来があまり良くなかったり、「この人は使えないな」と周りから思われてしまう人は会社の中には必ず何人かいると思います。

ですが、経営者には雇用をした責任があり、一度その人を雇用すると決めたら、その人の良さを引き出すところまで可能性を捨てずに見出す義務があると僕は思います。

人によって仕事や成長のスピードはさまざまです。大器晩成という言葉があるように、新人の頃にあまり出来が良くなくても、立派なプロデューサーへと成長する人を今までたくさん見てきました。だから僕は今でも会社を経営するうえで、売上や利益ももちろん大事ですが、大きな目標を抱えるのではなく、今いる社員の雇用をとにかく守ろうと思い、それをポリシーにして働いています。

よく考えれば、今の僕があるのも、ミュージシャン上がりの右も左もわからない30歳近いド新人をここまで教育し、社長にまで育ててくれた諸先輩方が、僕を見捨てなかったおかげなのですから。

嫌いなクライアントも好きになろう

敵味方をつくらず、より多くの人と関わることで、いつの日か必ずそれが自分に返ってきて、やがてその人が自分を助けてくれると、僕は思いながら仕事をするようにしています。

これは自分のチームや社員だけでなく、クライアントも一緒です。嫌なクライアント、例えば厳しい言葉を浴びせてくる人、無理難題を言ってくる人、仕切りが悪くて振り回されてしまう人、そんな人は仕事をしていればたくさんいます。

それを排除して「もうお前とは二度と一緒に仕事しない」と言ってクライアントごと切り捨てるのは、その人の仕事を断ればいいだけなので実は簡単ですが、そうやって自分の好き嫌いだけでクライアントを選んでいては、やがてあなたは「頼みにくい」、言うことを聞かない人と思われ、仕事がやってこなくなってしまいます。

そんなときは、その嫌なクライアント、その人にぜひ寄添ってみてください。昔、先輩が、嫌いなクライアントがいたらまずは「その会社、その人を深く知ること」が大事だと教えてくれました。

人間は知らないものや人を嫌う傾向にあります。知らないということが、嫌悪感につながってしまうという心理があるのです。例えば、メタバースやブロックチェーン、NFTなど意味がさっぱりわからないあなた、何か嫌悪感すら抱いていませんか?

例えば、厳しいこと、嫌なことを言われたとします。では、なぜその人はそんなに厳しいことを言ってくるのか。その人が無理難題を言ってくる背景には、同じようにその人も誰かに無理難題を言われているのではないか。そして、その人も実は困っているのではないか。

そうやって、嫌な人にほど近づいて、相手のことを知り、懐に入ってみてください。あるときを境に、その人の本心や考え、想いを理解することができ、気がつくとずっと仕事をくれる良きクライアント、パートナーとなる、なんてことが今までたくさんありました。

よく僕は、「なんでそんなに嫌な思いをしても平気なんですか?」と言われます。周りからは、この人は鈍感すぎるバカで、嫌なことをされているのに気づいていないのではないか、なんてお人好しのように思われているかもしれません。ですが、その裏にはそういった思考があったのです。

そんなわけで「平和力」を身につけてください。争い事や憎悪、嫌悪の先には何も待っていません。好き嫌いはつくるな、嫌いな人ほど近づけ。これが「平和力」です。

「ある嫁が大嫌いなお姑さんを殺すために、それを悟られないように近づいていったら、いつの間にか好きになっていた」みたいな落語がありましたが、そういうことです。誰だって好き好んで争い事をしたい人はいません。

平和主義で敵味方をつくらずにニコニコしていれば、周りはきっとその人についてくると思います。だって、すぐ人を嫌う人に近づくと、次は自分も嫌われるのではないかと思い怖いですから。この人は「平和な人だ」と思われると周りから人が寄ってくるので、良いリーダーに近づくことができるのだと思います。

社長コラム

「敵はつくらず仲間にする」の話

YouTubeを一緒に制作しているO社という会社があります。社長と役員が同級生で、裏方の制作の仕事に興味があって呼びかけ、起業した会社です。O社さんとはかれこれJリーグの案件から一緒なので僕は15年くらいの付き合いになりますが、今では野球案件のデザインや、映像制作も含めうちの大事なブレーン、協力会社さんです。しかし、僕が入社した頃からしばらくはうちとは取り引きはなく、あまり接点がない関係でした。

昔は敵扱いしていた

特に何か遺恨があったわけでもなんでもないのですが、当時サンコミ（弊社サンコミュニケーションズの略）はJリーグ案件のほとんどの業務を受注していて、運営、演出はもちろん施工、デザイン、事務局など総合プロデュースとして代理店から丸受けしていました。元々は代理店のサッカー事業部から受注していて、当時はまだ代理店の制作会社もありませんでした。つまり、デザインの仕事もほぼほぼサンコミが受注していたのですが、O社さんは、代理店のまた別のブレーンだったので、いわばうちとは競合のデザイン会社だったのです。

オールスターのパンフレットや、招待状など、グラフィックデザインのなかでも凝ったものを作る時はサンコミには発注が来ず、O社さんが担当していました。ある時、サッカーのオールスターゲームの視察で地方に泊まりに行っていたのですが、O社さんも別で来ていました。

視察のときには特に顔を合わせず、終わって夜になると代理店のみなさんと、飲みに行きます。すると、地方で店が限られているので、別で来ていたO社さんとバッティングしてしまうのですが、どうやら代理店さんが、サンコミに気を使って別の店を探したりしていたのです。当時新人の僕は、何でわざわざ別なんだろう？　同じ仕事のチームなら一緒に飲めばよいのに、と気を使っている周囲の大人たちを見ながら不思議でなりませんでした。

結局、顔はちらちら見るものの、ろくに名刺交換もせずに、ライバルのような、競合のような立ち位置の関係がしばらく続いていました。

仲良くなるには自分から近づく

それから何年か経っても、僕はそんな関係がずっと気になっていました。そこで、流石に名刺交換はしていたので、僕は代理店さんに仁義を切って、O社さんにデザインを発注してみることにしました。Jリーグも全く関係ない、普通の企画コンペのグラフィックデザインでした。

最初は向こうも、サンコミから仕事が来るなんてと意外そうにしていましたが、快く受けてくれ、一緒にデザインの仕事を進めました。結果的にはコンペは負けてしまったのですが、ここから大きく関係は変わっていくのです。

仕事の関係値はつくるもの

例えば競合だったり、商流（お金の受発注の流れ）によって、関係が遠く直接取引のない会社は結構あると思います。よくあるのが、代理店から分割発注していたりすると、うちとその代理店から直接発注されているO社さんのような会社は、会社の取り引きがありません。

不思議なもので、会社の取り引きがないと自然と人はその相手の会社のことを「仲間」「チーム」と思わなかったりします。僕はそれが嫌で、当時からすごく違和感がありました。しかし、それを解決する簡単な方法があります。

「仕事を発注しちゃおう」

そうです、取り引きがなかったら、頼む仕事を無理矢理にでもつくって発注してしまえば良いのです。別に、打算的にお金で無理矢理主従関係を築くわけではありません。ですが、それも一理あって、誰しも「仕事をくれる人」＝「お金をくれる人」に対しては、従うのです（いい方は悪いですが）。つまり、関係値を築くために近づいて人間的に仲良くなるのに時間をかけるよりは、仕事の受発注関係をつくってしまうのが一番早いのです。

そうすることによって仲間が増える、今まで何となくよそよそしかった会社が、一気にブレーンとなり、協力会社となり、仲間・チームになります。

そんなわけで、今では大事なブレーンのO社さんとは、YouTubeで一緒に勝負するくらいの絆があります。僕はなるべくなら敵はつくりたくない平和主義者なのですが、周りの仲間をたくさん増やすことで、自分の成長やスキルアップ、プロデュース力の向上につなげています。プロデューサーへの道は、自分自身のスキルアップだけではできません。クライアントや仲間との関係がどれだけ築けるか？が実は大事なのです。

主役力

自分の人生の主人公は自分。リーダーとは主役たれ

「人生における主人公は自分である」

どこかの歌の歌詞にありそうなフレーズですが、まさにそのとおりだと思います。自分の人生においては主役は自分でしかなく、一喜一憂したって、決断を迫られたって、間違ったって、失敗したって、成功したって、最後に「いい人生だったな」と華々しく幕を下ろしたいものです。

そして、リーダーは周りを先導していくわけですから、それなりに目立ったポジションや物事の中心となる必要があります。そんなときに、あえて目立とうとすること、矢面に立つこと、一番出番とセリフが多い役になりきること、つまり主役を演じることがビジネスにおいても必要になってきます。

キャラクターの多様性の話に戻りますが、主役は別に一番賢くなくても、一番強くなくてもいい。それこそ映画や小説、マンガやアニメには多種多様な主人公が登場します。ただ共通して言えるのは、そこに人々の信頼や期待、ワクワクが集まってくるということ。

自分は脇役向きだと思っている人もいるかもしれませんが、自分の人生くらいあえて自分を主役に設定してみてはいかがでしょうか。

「社長」というネーミングと響き

自分を主役とするために、昔ダイノジ大谷さんが、オールナイトニッポンのラジオリスナーに「ボス」と自分のことを呼ばせていたことがありましたが、ネーミングを設定することや自分をどう呼ばせるかについては一考する価値があり、それによってその後の関係性やポジションが変わることがあると思います。

僕は5年前に、前の代表が病気で離脱したことをきっかけに、執行役員兼プロデューサーから昇格し、社長を任されることになりました。当時は不安と期待のなか、今後どのように自分が会社をまとめてリーダーとして引っ張っていくか、ものすごく考えたものです。

前任はプロ経営者といった感じの人で、大手企業の役員やいくつかの企業の社長を経験したのに対し、僕はというと経営経験もなければ、社会人経験も今の会社が1社目だったわけで、前任の社長の真似をしても到底勝てるわけがありません。であれば、自分にしかできない若い発想と柔軟性、そして何より未経験の新人からトップになったからこそ社員の気持ちがわかることが売りだと、自分に言い聞かせました。そのなかで一番意識したのが、呼ばれ方です。

周りに同じ役職の人や先輩もいるなか、いちプロデューサーだった僕をどうやって「社長」として周りに受け入れてもらえるようにするかを考えたときに、まず最初に自分のことを「社長」であると自覚し、恥ずかしいながらも「社長」と周りに認知してもらうところから始めたのです。

本来「社長」とは法律の定めた役職ではなく、あくまで社内の呼び方的な位置づけであるため、肩書きとしては「代表取締役」でよいので、わざわざ「社長」とつけないほうが一般的だったりします。しかし、僕は新しい「社長」であることを認知してもらいたいため、名刺の肩書きにはあえて「社長」と入れることにしました。

また、社長になった当時、社員全員で構成された非公開のfecebookグループを作って社内の情報共有を図っていたのですが、その中で「社長コラム」という名前で1年くらい毎日コラムを書き続けました（本書ではそれを加筆修正して掲載しています）。

さすがに社員に自分のことを「社長」と呼ばせるまではしなかったのですが、外部の方からはある意味あだ名のようにいじられながら「社長！」と呼ばれるようにもなっていたのです。こうして自分の呼称も含め主役になりきることで、徐々に自分のなかにリーダーシップが芽生えてきたように思います。

弊社創立40周年パーティーで演じた主役

社長になってすぐのこと、コロナ前の2019年に会社の40周年記念パーティーを企画しました。我が社は今まで一度も周年事業をしてこなかったため、創業者の会長への祝福や感謝の気持ちを伝えると共に、歴代の会社ＯＢや協力会社さん、クライアントが一堂に集まる同窓会的な場として開催することにしたのです。

そして、それは僕が新たな会社の社長として、主人公を演じる絶好の機会でした。

この40周年パーティーでは、新しいサンコミを多くの人に知ってもらおうと、イベント会社の腕前を発揮して企画を行いました。お洒落な招待状を用意し、会場は西麻布のクラブを貸し切り、フェスのようなグッズを作り、お祝い花やご祝儀を一切受け取らないかわりにクラウドファンディングを立ち上げてVIP席などのリターンを設けたりもしました。

とにかく「社長が変わって若返ったサンコミは今こんなに元気で頑張ってますよ」というアピールの場にすることを意識したのです。もちろん社員全員で運営を行うので、終わった後は打ち上げ会場を別フロアに設け、社員を労《ねぎら》うことも忘れません。

ちなみに、この40周年パーティーでは、記念Tシャツをデザインし、クラウドファンディングで支援してもらった方々のお名前や会社のロゴをを背中に入れ、社員全員でそれをスタッフ衣装として本番に臨み、ベテランプロデューサーも若手スタッフもお揃いのTシャツを着て会場に集合したのですが、直前に僕は「新社長がみんなと同じTシャツでは目立てない」と思い、超パーティー仕様のタキシードを六本木に借りにいくことにしました。

当日も社員の誰にも言わず、集合場所でコートを脱いで、そのタキシード姿を披露。ひょっとすると「自分でお揃いのTシャツにしようって呼びかけたくせに自分はタキシードかい」と社員の心のなかでは総ツッコミがあったかもしれませんが、歳上の先輩社員に「社長はそのぐらい目立ったほうが良いよ」と背中を押され、艶《つや》やかなタキシードを着て300人くらいの前で主役を演じることができたのです。

小さなことかもしれませんが、あのときスタッフと同じTシャツだったら、新社長である自分をどのくらいアピールできたか疑問が残ります。やはり、一人だけひと際目立ったタキシード姿で自ら主役を演じたことによって、リーダー感をプロデュースできたのではないかと思いました。

ビジネスにおいて自分を主役にする方法

例えばイベントプロデュースの制作段階においても、メールのやり取りや打ち合わせでの発言など、いくつか自己アピールのチャンスがあります。その場においては、そのプロジェクトのことに時間を割いて、どれくらいきちんと理解しているかが重要になってくるため、よく若手には「誰よりもそのプロジェクトに詳しい人間になりましょう」とアドバイスをしています。

最初は上司に連絡していても、クライアントは結局、役職やキャリアに関係なく一番わかっている人とコミュニケーションをとるようになります。

つまり、リーダーとしてそのプロジェクトを引っ張っていきたければ、まずは自分がその案件の主役となって、誰よりも努力し、理解し、メールを自分発信でたくさん送り、打ち合わせでは資料を説明し、アイデアを出し発言をする。そういったことを積み重ねることで徐々に周りが「このプロジェクトのリーダーはあの人なんだ」と認識するようになるのです。

目標は、メールも主役、打ち合わせも主役、現場でも主役。もちろん、それには努力やスキル、キャリアも必要ですが、頑張ってみてください。だって、あなたの一番頑張るプロジェクトでは、あなたが主役ですから。

社長コラム

「時代はキャラクター勝負」の話

昔は「サンコミ」というイベント会社としてのブランドで仕事がきていた時代もありましたが、これからは結局個人の力の結集が、逆にサンコミのブランドとなっていくのだと思います。そうなると、プロデューサーやそれを目指す人たちに必要なものは何か？　サンコミビジョンでは、「スペシャリティ」と「オリジナリティ」だ、というような表現を僕はしていますが、まさにこれから必要なのはそういった「キャラクター」なんだと思います。

僕の好きなIT評論家の尾原和啓さんが「キャラクター」について、以前生配信でわかりやすく解説していたので本コラムでは、それに基づく僕の考えを紹介したいと思います。きっとこれを理解することで、人はどんな人に仕事を依頼したいか？　どんな人と仕事を一緒にしたいか？が見えてくると思います。

「キャラクター」は3パターンに分類

キャラクターを表すのは3つです。

1．強さ
2．相性
3．信念

それでは、それぞれを解説していきましょう。

1．強さ　～タグを作る～

一つ目は「強さ」です。

「強さ」は、「強み」や「タグ」とも言い換えられ、自分の「ここは人には負けない！」というストロングポインのことで、これがあると、一つキャラクターが際立ちます。そういったいわゆる「凸（でこ）」の部分が際立つことで、自分を頼ってくれる人の「凹（ぼこ）」を埋めてあげることができるようになり、その人はその「強さ」が故に「呼ばれる存在」になります。例えばポケモンでいうと、炎の敵が来たときには、水という「強さ」が必要で、水の特性を持った人が呼ばれ、仲間に入れたくなる呼ばれる存在になります。

イベント制作で言ったら、例えば、

・企画が強い
・IT系に強い
・スポーツ系に強い
・舞台演出に強い
・運営に強い

とかでしょうか。

発注者が案件を抱えて、誰かに仕事を頼みたいと思ったとき、一つのキャラクターとして何か特化した「強さ」があると、呼ばれる存在になります。

2. 相性 ～人間関係の構築～

二つ目は「相性」です。

例えば漫画『ONE PIECE』のウソップのように、たいして強くなくてもなんかそばに置いておきたい、一緒にいると楽しい、みたいな「相性」という一つのキャラクターのなすところです。

仕事を一緒にしたいと思わせる「相性」はとても大事で、相性が合えば案外ずっと一緒に仕事を頼んでもらえるチャンスがあります。そのためには、相手と仲良くなったり、辛いことを一緒に乗り越えたり、いろいろですが、僕が思うに「相性」が良くなるために大事なことは「相手のことを好きになる」ということだと思います。

「相手を好き」であり、「相手からも好かれる」、これができると相性が良いという一つのキャラクターが確立できるのです。そのための一つの手段としては、接待も時に人間関係の構築に役立ちます。接待自体が効果的というよりは、コミュニケーションを取る時間をいかに作るか、相手と一緒にいる時間をいかに増やすか、がポイントになると思います。

これは実は非常にありがたくて、人から好かれる「キャラクター」を発揮して「相性」が良ければ、仕事がばりばりできる人と同じくらいの営業力を発揮できる可能性がある、ということにもなります。自分の能力にあまり自信がない人も諦めずに、人間力としての「キャラクター」を磨けばよいのです。

3．信念　～3つの柱を把握～

三つ目は「信念」です。この信念を構成する価値観の柱は三つあります。

①時間
②コスト
③クオリティ

紐解くとまずそれは「好き嫌い」から始まります。その人が何が好きで、何が嫌いかということです。そしてその「好き嫌い」はやがて「価値観」となっていきます。

そして、時間、コスト、クオリティという三つの「価値観」に対して、それぞれが「信念」にまでこだわり、発展するとそれが「キャラクター」として確立します。

誰かに仕事を依頼しようと思ったときに、そのときにこだわりたい「信念」を持ち合わせた「キャラクター」であれば、必要とされ声がかかるのです。

①時間

この人は、スピード感があって依頼をすぐにこなしてくれる。提出まで時間が全くないが、迅速に対応してくれる。

②コスト

今回お金がないが、この人に頼めばコストを抑えてくれる。リーズナブル、コスパがいい。お金の仕切りが上手など。

③クオリティ

とにかく今回はかっこいいものをつくりたい。仕事の質にこだわっていいものをつくりたい。この人に頼めば、絶対にいいものが上がってくる。

こういった価値観に「信念」をもった人が「キャラクター」と言えるのです。確かに自分が仕事を依頼するときも、そのときそのときで「信念」が合う人をチョイスしている気がします。

さて、「キャラクター」とは何か?が整理されたところで、自分に置き換えて把握、自己分析することが非常に大事です。

「自分の『キャラクター』は何なのか?」

「仕事を自分に頼んでくれる人たちは、自分のどんな『キャラクター』を必要としているのか」

「今後自分の『キャラクター』を磨くには、何をすれば良いのか?」

これからの時代はきっと、「キャラクター」勝負です。

第2のチカラ

≫

スキル系○○力

～リーダーは人を納得させる～

ハッタリ力

嘘はつかないが、ハッタリはかましていこう

ビジネスをしていると時にハッタリをかますことによって、自分を大きく見せたり、できる感を出したり、安心感を与えたりと、自分の力以上にアピールをする必要が出てきます。

そもそも「ハッタリ」とは、博奕場《ばくちば》で「賭け金をかけろ」という意味のかけ声「張ったり」や、相手をなぐるという意味の「張る」が語源とも言われていて、勝負や交渉事を有利に進めるために相手を威圧して、自信に満ちた強気な態度や自分で実力以上に見せかける大げさな言動をとることをいうらしいです。

これだけ聞くと、あまりいい言葉や態度ではないように思いますが、僕のなかでは、あくまで相手の信頼や安心感を得るためのものであり、嘘とハッタリは違うということはご

認識いただきたい。

例えば、誰しも初めての仕事を担当する際に不安になることがあります。そういった状況では、「その仕事をすでに経験しているか？」が安心材料になったりするのですが、そんなとき僕は嘘をつかない程度にハッタリをかますようにしています。

「このような案件は、弊社では経験が多数ございますのでご安心ください」

「この手のプロジェクトは慣れておりますので、お任せください」

実際に自分はやったことがなくてもそう言い張ります。自分が経験していなくても、会社や先輩が知っていたり、もしくはできる人をチームに引き入れさえすれば、それは嘘にはなりません。それよりも、自分が少しハッタリをかますことで、相手に安心感を与えることのほうが重要だったりするのです。

できる印象を与える見た目や話し方のハッタリ

ビジネスにおいて、信頼感や安心感を相手から得るためには、不安にさせないことが重要です。「頼りないな」、「大丈夫かな」など、一瞬でも相手に思わせてしまうと、人はその人にダメレッテルを貼ってしまいます。

ですので、まずは見た目からハッタリをかましていくことをお勧めします。うちの会社は服装自由の会社なのですが、僕は新人で若い20代の頃、周りから舐められないようになるべく幼い格好やチャラい格好を避けるようにしていました。

かつてうちの会社では入社後半年間はスーツで出勤しなくてはならないという義務があったのですが、僕が廃止したこの昭和的なルールも、ある意味新人にとってはハッタリをかけるための見た目のポイントにはなっていたのだと思います。童顔の人が髭を生やしたり、眼鏡をかけたり、女性なら化粧の仕方を変えたり、自分を少し大人に、できる雰囲気で見せることで、ハッタリを利かせ、ダメレッテルを未然に防ぐと良いでしょう。

見た目だけでなく、話し方や態度、所作にも気を使えると良いと思います。若者言葉を否定するつもりはありませんが、やはりビジネス上で適当な話し方や流行り言葉を羅列すると相手から舐められてしまいますので、その辺りの気を使えると良いと思います。

僕はあまり使いませんが、自分のことを何と呼ぶかもポイントで、男性でも「私」などという人を見ると、「しっかりしてるな」と思います。

プレゼンテーションにおけるハッタリ

ここで「ハッタリ力」の使い方における具体例を紹介しましょう。

我が社は仕事柄、新しい広告やイベントプロモーションの企画を考え、企画書を提出した後にプレゼンテーション（プレゼン）する機会が多くあります。そこは、主催者側の審査員の前で企画書で提出した内容を制限時間内に口頭で伝え、アピールするという、合否を決めるためのもっとも重要な場なのです。

僕も多いときには月に4～5本プレゼンが入るときがあり、いくつもの案件をこのプレゼンによって勝ち取ってきた自負がありますが、このようなシーンにおいてもハッタリは大きく効果を発揮します。

プレゼンを行うときに僕が重要視していることは、「うまく喋れるように」とか「説明をわかりやすく伝えるか」といった技術的なことではなく「審査員が自分たちをどのように見るか？」ということです。これはプレゼンだけではなく、その手前の企画書を作るときから常に意識をしていることです。

企画書やプレゼンは、審査員によって採点方式で評価され、その合計点数で競うことがほとんどです。多くのコンペは、そういった企画書による「技術点」と、金額を提示し入札する「価格点」で競われます。これが、ルールによって技術点だけで決まる場合もあれば、価格点との合計点数で決まる場合もあり、その配点もさまざまです。

では、なぜ僕が審査員の評価を意識するかというと、評価をするのはＡＩでもロボットでもなく、人間だからです。そういった観点から、まず部屋に入った際に審査員を見渡し、人数、男性女性の比率、年齢、そして誰がその中で一番偉くてキーマンなのか、などをチェックします。

普段窓口をしてくれている事務方の人は大体端っこにいたりしますが、そういう場合は点数を持っていない＝審査員ではないということになります。つまり、いくら事務方の人に気に入られても点数が入らないということになります。

実際にプレゼンが始まります。審査員を意識しながらプレゼンに臨むのですが、僕は必ずあらかたの原稿を事前に用意しておくことにしています。パソコンに各ページで話す原稿を入力しておき、それを読み上げる形を取ります。プレゼンに慣れている人で、当日アドリブでペラペラと話す人もいますが、僕はそれをしません。アナウンサーのように原稿を用意し、それを読み上げます。

その理由は、限られた時間の中で最短距離の言葉を使い、伝えたいポイントが抜け漏れないように事前に完璧に準備をしておきたいからです。その場のアドリブでも話せなくもないのですが、そうするとどうしても考えながらになるので「えー」とか「あー」「あのー」とか言ってしまいます。

スピーチや会話に頻出する「えー」や「あー」などの無意味な言葉のことを「フィラー(Filler)」といいますが、このフィラーが出ないようにするために、原稿を用意しているのです。意図としては、審査員を不安がらせることなく、不快感を与えることなく、プレゼンテーションの内容を聞いてほしいからです。アナウンサーが話すニュースって聞きやすいし内容もスッと入ってきますよね。原稿が定まらず、フィラーの多い会話は聞きづらいので、まずはそこを未然に避ける準備をします。

また、プレゼンで僕が最大の強みとしているのは「質疑応答」です。通常であれば「質疑応答」はプレゼンターにとって嫌なもので、何を聞かれるか、何を突っ込まれるかとドキドキするかと思います。しかし僕にとっては、「質疑応答」こそが最大のチャンスであり、アピールできる絶好の時間となります。

質疑応答では、気になっていることや不安がっていること、説明は聞いたがよくわからなくて補足して欲しかったことなど、何らかそこに審査員の評価ポイントが潜んでいます。これを自信満々に的確に回答することによって点数にプラスに働き、評価が上がります。

つまり、質疑の時間はプレゼンの延長なのです。僕は質問に答えた後に「ちなみに、これはこういう意図でこう考えています」など、プレゼンの続きを勝手にしています。

そして、質疑の回答の際にはまさにハッタリが有効で、「できますか?」と問われれば、「できます」と答え、「この人を本当に呼べるのか?」と言われたら「必ず呼べます」と答えます。

一度、プレゼンでテレビに引っ張りだこの人気タレントをキャスティング提案したのですが、「本当に呼べるのか?」という質問に対して、「大丈夫です、ご安心ください。すでに事務所とは話ができています」と自信満々に答えて、それが決め手でコンペを勝ち取ったことがありました。結果、受託した後に本当に当人を手配するのに、すごく苦労してしまったのですが、それもこれも勝たなければ、受託しなければスタートにも立てないという話なので、結果オーライなわけです。

また、審査員の中には意地悪な人もいて、どれだけプレゼンターがこの事業を理解しているかを試すために、事業の概念的な質問をしてくることがあります。「なぜ日本においいてこの事業が必要なのか？」「この事業を普及啓発するためにはどうすればいいか？」など、企画書の提案項目にはない、そもそも論的な質問を投げかけてきます。

そういった質問が来たときこそ実は大チャンス。それはテスト勉強をしておけば簡単に答えられるので、あらかじめ用意した回答を饒舌に語れば良いのです。とあるプレゼンでは、審査委員長と思われる方と僕とで、質疑応答時にこの手のディスカッションが繰り広げられるようなこともあり、そのときのプレゼンは当然勝つことができました。

まとめると、リーダーにとって機会の多い「提案」や「意見」を述べる際のプレゼンテーションでは、いかに相手に安心感を与え、自分を信頼してもらえるかが大事になります。そのためにはときにハッタリを利かせることで、自分を大きく見せ、ついてきてもらうことが重要だと思います。

社長コラム

「レスポンスは早く」の話

本コラムではみなさんに「そこまで努力をしなくても、周りから評価されて、かつ自分にプラスになる方法」をお伝えします。すでにタイトルでネタバレしていますが、それは「レスポンスを早くする」ことです。

「レスポンス」とは、簡単に言うと「応答」や「反応」といった意味を表します。つまり、外部から何らかの働きかけがあったときに、それに対する反応のことを「レスポンス」といいます。よく「レス」とも略されますね。

例えば、なかなか連絡がなかったり、反応の遅い人のことを悪い意味で「レスが悪い」とかいいます。一方、反応が良かったり、すぐに連絡が来る人のことは良い意味合いで「レスが早い」とかいったりします。「そんなことわかってるよ」というような当たり前のことをもっともらしく紐解くのが僕のコラムのいいところなので（勝手に解釈）、ではなぜ「レスポンス」の良さ、早さが求められているかお話しします。ポイントとしては、それは「誰でも簡単にできること」

だということ。例えば仕事で上級のスキルを身につけるには、少々残酷ですが時間と労力と努力とセンスと知識と経験と部屋とYシャツと私が必要です。

ですから、急に企画書が書けるようにはならないし、急にクリエイティビティが高まることもないし、急にプロデュース能力が上がることもなかなか考えにくいのです。石の上にも3年っていうやつですね。それに比べて「レスポンスを早くする」は、誰にでも、明日からできるとても簡単なことです。つまり、ミニマムスタートです。これは特別な知識も技術も必要ないので、ちょっとしたコツと優先順位の考え方を変えればできちゃいます。

その仕事の優先順位を決めるときに有効なのは、自分の中の「優先順位」を可視化、言語化してみることです。例えば僕の場合はこうです。

電話の折り返し〉メールチェック〉メール・LINEの返信〉人に作業を振ること〉自分で作業すること

電話は正直、「相手と自分の時間を奪う」ので嫌いです。最近はもっぱらAirPodsを耳にして、両手が使える状態で話します。ですが、そんな相手の時間を奪ってまでわざわざかけてくる（嫌味）電話の折り返しはわりと早くするようにしてます。メールチェックは、最新の情報や依頼事項、タスクが存在することが多いので常にチェックしています。メールやLINEの返信は溜めないように素早く対応します。長文以外は、PCを開いていなければ携帯で返します。これは何気に仕事に差が出てくるポイントで、携帯でメールを返信することに慣れていない方は、今のうちから慣れておいてください。

このように自分ルールを作っておくと、迷ったときに考える時間が省けて便利です。新人は、書き出して机の前に貼っても良いかも。

ということで、そんな簡単に実行できる「レスポンス」ですが、これを早くすることによって得られる「周りからの評価」と「自分へのプラス要素」を挙げていきましょう。まずは「レスポンス」が早いと、周りにこんな三つの印象を与え、結果、評価を受けます。

1．相手に「安心感」を与える

レスポンスが早いことによって、相手の「伝わってるかな?」「どうなってるかな?」といった不安感を払拭し、安心感を与えることができます。これはとても大事で、この小さな積み重ねが「あ、この人は信頼できる」とか、「この人に次も頼もう」みたいなことに必ずつながります。仕事をしているなかで、相手を不安がらせるのは良くありませんよね。例えば「データを受領しました」だけでもけっこう意味のある小さな「レスポンス」だったりします。

2. 相手のことを「尊重」「優先」している印象を与える

レスポンスが良いと「この人は自分の仕事を優先してくれている」とか、「この人は自分についてきてくれている」といった印象を与えられます。人ってワガママで、みんな自分が仕事を頼んでいる相手は勝手に「自分の仕事を優先してくれている」と思いたがるんです。そんな人には、ついつい「こちとら、あなたの仕事ばっかりしてるわけじゃありませんから！」って言いたくなっちゃいますよね。でも、「レスポンス」を早くすれば、実際には優先していなくても「優先」、「尊重」してくれていると思わせることができ、相手に可愛がられます。

3.「仕事ができる」というイメージを与える

最後は一番単純ですが、「レスポンス」が早いだけで、さも「仕事ができる」ように見えます。よく「ダメレッテル」っていう言葉を聞くと思いますが、人って一度「この人、あんまり仕事できないな？」ってレッテルを貼られると、なかなか挽回するのが大変なんです。裏を返せば「レスポンス」を早くすることで、仕事ができるふうに相手にインプットされ、そのいい印象のままずっと接してもらえます。

このように「レスポンス」が良いことのメリットを話しましたが、この三つのポイントの怖いところは、裏を返せば「レスポンス」が悪いと、逆の印象を簡単に与えてしまうことです。「安心感が無い」（＝不安）、「自分の仕事を尊重・優先していない」、「仕事ができない」。ちょっと後回しにしてしまい「レス」が悪くなると、代償が大きいので気をつけましょう。

次は「レス」を良くすることがもたらす、三つの「自分へのプラス要素」をお話しします。

1．事務処理能力が上がる

「レスポンス」が早い人はそれだけ仕事を捌《さば》く処理能力に長《た》けています。また「レスポンス」を早くすることで、自然と仕事に対する処理能力が上がると思います。

2．仕事の整理整頓が上手

「レスポンス」が早いということは、自分のタスクや課題がきちんと頭の中で整備されている証拠です。「レスポンス」を早くすることで、仕事を整理するのに慣れましょう。

3．決断力が上がる

「レスポンス」を早くすることで、その場その場で解決しなければならない手段や、選択をきり抜けるための決断力が養われます。「レスポンス」の遅さは、迷いだったり、やることを後回しにしている証拠です。

以上「レスポンス」についてお話ししましたが、皆さんも明日から、今よりも少しでも「レス」を早くしてみてください。そうすることで、周りの評価や自分の能力が徐々に変わっていくのではないかと、僕は思います。

采配力

チームビルディングでリーダーシップを発揮しよう

会社全体の組織でも、部署でも、ジョブ単位のプロジェクトでも、多くのビジネスの推進にあたっては、チームを束ねて一つの目標を達成することがあります。

少し前に「チームビルディング」という言葉がビジネス界隈で流行りました。チームビルディングとは、個々人のパーソナリティやスキル・能力・経験を最大限に発揮し、目標達成できるチームを作り上げていくための取り組みのことです。

チームビルディングの目的は、一人では達成できないような目標を、チームで取り組むことで実現することにあり、メンバー一人ひとりの力をチームに対して最大限発揮できなければ、大きな目標は達成できません。よく「早く行きたければ一人で行け、遠くに行きたければ大勢で行け」と言いますが、まさにそうで、ついつい自分一人でサクサクと仕事を早くこなしたくなりがちですが、結局それには限界があって、大きなプロジェクトの成功のためにはやはりチームが大切になってきます。

僕の行っているイベント企画や制作・プロデュースの仕事でも、チームビルディングは常に必要です。ここ数年は、クライアントも巻き込み、プロジェクト単位のチームを越えて、年間を通して少し大きな単位でチームを形成するようになりました。

しかし、どのような形であろうと大事なのは個々の力を尊重することにあります。つまり、チームの中におけるその人、その人のポジショニングを用意して、その人が最も力を発揮できるようなタスクを与える必要があります。

その際、教育的な側面は除いて、向き不向きを見極めたうえで采配するのがリーダーの役割です。不得意な人に不得意なポジションを任せるのはやめ、それぞれが最大限自分の力をチームに貢献するために使うことができると、１＋１が2以上になって、大きなチームへと成長できるのです。

また、どういうメンバーでチームを構成するかの采配にもリーダーとしてのセンスが問われます。僕がチームメンバーを形成するとき、特に小さな単位でチームを作る場合に意識しているのは「自分にない能力やスキルを持った人を入れる」ということです。

自分ができることは自分でやればいいので、自分ができないことや苦手なこと、もしくは任せたいポジションができる人をアサインすることで、チームの幅が広がります。これを小さな単位から繰り返すと、自然に大きなチームになってもそれぞれの得意分野が被ることなく、各々の力を発揮できるポジションでプロジェクトを遂行できるのではないかと僕は考えます。

この考え方は会社の組織形成にも活かすことができ、例えば自分が社長で、その他の役員や幹部クラスを構成するときは、自分にない能力やスキルを持った人を近くに置くように采配すると、組織がうまく回るのではないかと思います。

自分がもし人をまとめるのが苦手な、クリエイタータイプ、ディレクタータイプだったとしたら、側近には人をまとめるのが上手なマネージャータイプを置き、逆に自分に組織をまとめる力がある場合は、近くにとにかくセンスのいい、トップクリエーターを従えれば良いでしょう。そうやって、自分にない魅力を持った人たちが集まって、力を発揮するのが、良いチームビルディングだと思います。

チームビルディングの采配でリーダーに必要な五つの役割

チームビルディングの采配にあたって、僕が考えるリーダーの重要な役割を五つ紹介したいと思います。これはどこでも使える、リーダーに必要な5ヵ条だと思ってぜひ覚えておいてください。

1. 指針を導くこと
2. モチベーションをコントロールすること
3. スケジュールを管理すること
4. 予算をマネジメントすること
5. 最終的に責任を持つこと

「1. 指針を導くこと」は、大事な瞬間に決断をし、判断できることです。

リーダーにおいて一番やってはいけないのが、判断が遅いこと、決断できないことです。

その瞬間瞬間で、右なのか左なのか、リーダーは判断を迫られることが多いのですが、いちいち悩んでいたらやっていけません。右か左か悩むことは多いでしょう。しかしながら、まず決断をしてその方向に舵を切ることが大事で、止まって悩み続けることでは何も解決はしません。

もちろん、間違えることもありますが、そのときはまた判断すれば良いのです。「右と判断して舵を切って進んでみたが、どうやら自分が間違っていたので左に変更します」そう素直に自分の判断ミスを認めて、また舵を切り直すことができるのが真のリーダーです。そのためには、とにかくスピードが命。判断の鈍い人や、決断ができない人はリーダーには向かないでしょう。

「2．モチベーションをコントロールすること」もリーダーの仕事です。僕の基本的な考えとしては、常に高いモチベーションを維持する必要はないと思っています。人間誰しも浮き沈みはあるし、いつもやる気に満ちあふれて、高いモチベーションで過ごせる人がいるとしたら、その人のほうが珍しいと思います。

とはいっても、モチベーションが下がり切っているメンバーがいたら、それはいち早く察知する必要があります。また、それぞれのメンバーが何によってモチベーションを保っているかをきちんと把握しておくことも大切でしょう。つまり、リーダーにとって、チームのメンバーのモチベーションをコントロールする術を持っておくことが重要だと僕は考えます。

例えば、チームメンバーを焼肉に連れて行って美味しいものを食べてもらうことでメンバーの士気を上げることができる場合もあります。休みを取ることでそれが保てる人もいるし、ひょっとしたらコンビニでチョコを買ってあげるだけで喜ぶ人もいるかもしれません。他には、話をじっくり三十分聞くことや、ＬＩＮＥでメッセージを送ること、大きな仕事を任せること。

そういったカードをたくさん自分で持っておいて、その人に合ったシチュエーションとタイミングと内容でそっと差し出すことが、リーダーにおけるモチベーションのコントロール術です。

「3．スケジュールを管理すること」は当たり前なのですが、これは物事を俯瞰で見るということです。チームメンバーはついつい自分のタスクに追われると全体の制作進行を見失いがちになります。そういったときに、常に全体を見渡して、全体のタスクに対して遅れが生じているパートがないかを理解し、スケジュールを推進していくことがリーダーには求められます。

スケジュールが遅れていることを煽《あお》ってお尻を叩く役も、スケジュールに余裕があることで少し休んでもらうことも、どちらも必要なリーダーのスキルなのです。そのためには、自分の頭の中に常にグランドスケジュールやガントチャート（スケジュール表）を思い浮かべ、それを日々更新できるようにすると良いと思います。

「4．予算をマネジメントすること」とは、「お金」から決して逃げないということです。ビジネスを行う以上、また会社を経営する以上、お金に関してはいつも頭に入れておかなくてはなりません。何かコストがかかるときに、その都度、頭の中の電卓を叩くことをお勧めします。

また、お金を取ってくることや生み出すこともリーダーの仕事です。予算がかかるのであれば、かかるだけの予算を取ってくる。もしその財源がなければ、自らそれを探して、お金を生む。そして、チームメンバーに配分している予算に関しても、全体を把握しコストマネジメントをすることは、リーダーの重要なタスクとなります。

どんぶり勘定でリーダーを務めるのは難しいので、先ほど語ったように、もし自分がコストマネジメントが苦手なのであれば、予算管理ができる仲間を側近として置くと良いでしょう。それも含めてあなたのリーダーとしての的確な采配と言えます。

「5．最終的に責任を持つこと」は、結果的に一番大切かもしれません。本書でもこれから、部下やチームのメンバーに任せることなどエンパワーメントについて語りますが、最終的に責任を負うのはリーダーです。リーダーである以上、その責任から逃れることはできないので、人のせいにしたり、責任から逃げることなく、「最後は私がケツを持つから頑張ってこい」と言えると良いでしょう。

その信頼感やバックアップがあることで、部下たちはモチベーションを保ちながら、安心して挑戦できるのです。責任を持つということで、いざというときに謝ることや怒られることもあるでしょう。僕は長年、リーダーって理想とはほど遠く、謝ってばかりいるなと思っています。

でも、謝ることは、本来は嫌なことだけど、誰かがやらないといけないし、それを引き受けている人のことを、周りは見ています。みんなを代表して頭を下げることができるのも、リーダーの素質なのだと思います。

嫌な仕事もエンタメ化する

僕らの業界では、先ほど語ったプレゼンに至る前に、企画書を作成し、仕上げるという作業があります。数億円単位のプロジェクトのコンペに参加するときは、企画書が300ページを超えることもあり、そうなると企画書作成のプロジェクトにも大人数のチームで臨みます。

企画書作成に与えられた時間は1ヵ月程度だったりするのですが、そうなるとどうしても最後のフィニッシュに向けた作業を土日をまたいで行うことがあります。するとチームのメンバーはせっかくの休みである土日を潰して作業しなければならないし、会議室に缶詰になってひたすら書類を作成するという、通常で考えたら「嫌な仕事」になります。

ですが、そうはいっても年に何回もそういうタイミングが来るので、毎回嫌がってもいられないのが実情です。そこで、僕はその土日が潰れる嫌な企画書作成をエンタメ化、イベント化するよう采配します。

まずは、その土日の2日間は企画制作のための「合宿」として設定し、土曜日の夜に参加するスタッフ全員に宿泊先として事務所の近くのホテルを用意します。もちろん皆都内在住で、夜仕事が終われば家に帰ることも可能ですが、全員揃って同じホテルに泊まり、同じ行動をとるようにします。

また、土曜日の昼から夜、日曜日の朝、昼、夜と食事にこだわります。同じ会議室で企画書のそれぞれのパートを仕上げながら、食事の時間が近づくと料理の宅配サービスを使って、美味しい食事を手配します。昼がカレーだったから、夜は中華にしようとか、その都度、何のメニューにするかみんなで話し合います。時間に余裕があれば、夜食にピザを出前して、作業を終わらせてから軽くみんなでビールを飲もうとか、近くの居酒屋で軽く飲もうとか、そういうこともできます。

その他にも、作業中にサブスクの音楽をBGMにしていろいろなアーティストの曲やプレイリストを流したり、コーヒーやお菓子などのケータリングを充実させたり、時には作業を中断してみんなで話題のドラマを見たり、気になる格闘技の試合を見たり。

こうした些細なことでも、土日の企画書作成という普通なら嫌な仕事をみんなで行う「エンタメ化」し、共同意識を高めることでメンバーのモチベーションを高め、結束力をつくり、結果仕事の効率も上げていきます。

嫌な作業のなかに、小さな喜びをつくることは実はとても大事で、こういったことにお金をきちんと使えることこそがリーダーの役割だったりするのです。みなさんも自分の仕事に置き換えることができるようであれば、試してみてください。

社長コラム

「フリ上手《じょうず》は仕事上手《じょうず》。フリ下手《べた》は仕事下手《べた》」の話

プロデュースという仕事や役割は決して一人ではできません。自分で手を動かすことはもちろん必要ですし、特に新人のうちは自分で打ち合わせ資料も企画書もマニュアルも台本も一通り作れないと、のちのち人に振っても「チェック」や「評価」ができないので、まずは頑張って資料を作れるようになるのが先です。

ですが、いずれ自分一人の作業では限界が来るので、そういうときは社内や協力会社に「作業をフッて」分散するのが得策です。しかしながら、その「フリ」方がうまくないと、仕事はうまく回りませんので、そんな、仕事を「フル」時に意識してほしいことを伝えます。案外ベテランの人たちもできていなかったり、忙しさにかまけてフリ方が「雑」になりがちなので、参考にしてください。

1．相手の知識・情報レベルを（自分に）合わせる

よく、自分がわかっていることを相手もわかっているという前提で話をどんどん進めてしまいますが、相手がどの情報レベルにいるかを把握してからフリましょう。「フル」相手が一緒に打ち合わせに出ていればそのままで大丈夫ですが、打ち合わせに出ていなければ議事録を見せたり、きちんと自分がオリエンや指示をする必要があります。

2．フル作業を先にやる（優先する）

「フル」のにも準備と労力がかかります。決して楽ではありません。それゆえに億劫に思いがちで、ついつい後回しにして自分の作業に先に取り掛かってしまう人がいます。

まずは寝かさずに、溜めずに、先にフッてください。それは相手の作業時間をきちんと確保することにつながります。

3．期限や提出タイミングを明確に

頼んだ作業はいつまでにやったら良いのか？　提出はいつの何時までか？　これを明確に指示しましょう。ここが曖昧だと、こちらが欲しいタイミングに資料がもらえなくても文句は言えません。また、期限には必ず「バッファ（余裕）」を見ておくようにしましょう。相手も多少遅れる

かもしれない、自分もチェックの時間も必要、時には修正を戻してまた再提出してもらうと、平気で1日往復のやり取りで費やしてしまいます。

4．やりとりの経緯を伝える

「1」にも関連しますが、一番良いのは「一緒に打ち合わせに来てもらう」や「メールのやり取りに入れる」です。相手との関係や立場にもよりますが、自分だけしかクライアントとのやり取りをしないパターンでは、フルにも全部説明をし直さなければなりません。

打ち合わせの内容をフィードバックするのも、作業をフルにもとても時間がかかります。面倒くさくて自分で途中からやっちゃう、みたいなこともあるかもしれません。打ち合わせやメールにフリ先の人が登場できない場合は、例えばメールのやり取りを毎回転送したりメールのＢＣＣ機能などをうまく使いましょう。やりとりの経緯が相手に伝わると、意外と話が早いです。

5．フルときは丁寧に、相手に敬意を持って

相手も人です。雑に乱暴にフラれるのと丁寧に優しくフラれるのでは、その後の作業のモチベーションに関わります。もちろん対価は支払いますが、自分の作業を分散して手伝ってもらったり、デザインなどは自分のできない作業をしていただくので、相手のことはきちんと思いやり

たいですね。

最後に、タイトルにも書きましたが「フル」のが上手な人は、自分で手をあまり動かさなくても仕事をうまく回せる人です。また、そういう人の仕事は、相手もきっと「やりたい」と思ってくれるはずなので、人がついてきます。うまく仕事を回すために、うまくフレるようになりましょう。

「自分しかできない仕事を自分がやる」
「他の人でもできる仕事はフル」
「自分にはできない仕事もフル」

言語化力

「文章を書く力」と「言葉で伝える力」を身につけよう

リーダーに必要なスキルとして、文章力をつけることをお勧めしたいと思います。それは、ビジネスを行うさまざまなシーンのなかで言葉の重要性を僕自身も感じたからです。

僕らの業界ですと、企画提案をするために常に提案書や企画書、マニュアルや台本など言葉を使った書類の作成が不可欠です。そういった資料は、打ち合わせで対峙する相手だけでなく、その向こうにいる人たちにも伝わるようにしなければなりません。そのためには一つひとつ語られている、言語化されている文字によってこちらの思いを的確に伝える必要があります。

僕は東京都など行政の案件を担当することが多いのですが、自分が作った資料は常に最終的に都知事の目に届くと思って作るようにしていますし、企業やメーカー向けの提案書なら必ず最後には社長が目を通すと思って臨みます。

話は変わりますが、現在、社会において文章を書くシーンが増えたように思います。例えばSNSでの発信も文章が必要で、Twitter や Facebook での投稿、Instagram、note など自分の思いを世間に発信することが手軽にできるようになりました。

そうなると、自分は文章が苦手だからとか作文が嫌いだからとか言っていられなくなり、自分の思いを言語化し文章で表現する術を持っておくことが極めて必要なスキルになってきます。

営業職ですと喋りが達者な人もいると思いますが、そういう人も結局自分の頭の中で文章を言語化して言葉にしているわけで、おそらく言語化が苦手な人はしゃべりもあまり得意ではないと思います。

文章の上達術として、よく本を読んだほうがいい、新聞を読んだほうがいいといわれますが、正直僕は本を読むのも新聞を読むのも得意ではありません。もちろん、それを否定するつもりもなく、本や新聞を読むこともとても大事だと思いますが、今はネットニュースでもメルマガでもSNSでも時に映像でも、携帯一つあれば文章を目にする機会が多いので、自分に合ったスタンスの文字情報に触れるところから始めてみてはいかがでしょうか。ちなみに、Twitterは限られた文字数の中で伝える訓練にとても良いと思います。

思いはなかなか伝わらない、言葉で何度も伝えよう

ドラマや映画などで恋人同士がいて、女性が男性に「好きって言葉で伝えてくれなきゃわからないよ」というシーンってありますよね。そういう状況は男からすると実は恥ずかしくて、日本人は特に「愛してる」とか言葉で伝えるのは苦手。でも女性はきちんと言葉で伝えてほしい生き物みたいです。

これはリーダーの思いをチームのメンバーに伝えることに似ていると僕は思っていて、やはり人から人へ思いを伝えるのは本当に難しいです。しかし、だからこそ日々発信されているメッセージに込められている言葉が重要な役割を持っているなと感じるのです。

僕が社長になりたての頃、自分は会社をこうしたい、自分は日々こういうことを考えている、何を大切に思っていて、何が好きで、何にこだわりがあって、どういう人間なのか、についてどうやって20人以上いる社員に伝えようかと、まず第一に考えました。

当時はコロナの前だったので、一人ひとり膝を付き合わせて飲みに行こうかとも思いま

したが、一人と飲んでその思いを伝えたところで、その人にはその思いは伝わるけどそれ以外の20数人には伝わりません。

では、それを20回繰り返すのか。もしくは、全員を集めて数時間の説法をするのか。そう考えたときに、対面での語りによって伝える方法は非常に非効率であると思い、僕はそれを言語化し文章で伝えることにしました。社内のメンバー全員にFacebookアカウントを作ってもらい、非公開のグループを立ち上げ、そこで毎日コラムを書くことにしたのです。

これは、昨今のオンラインサロンなどに代表される手法で、非公開のグループを作ることでSNS上にコミュニティを形成し、その中で発信をするというやり方を参考にしました。僕はいくつかのそういったビジネス系のオンラインサロンにも加入していたため、このやり方が社員に自分の思いを伝えるのにちょうどいいと判断したのです。

そして、そのFacebookグループでは、自分が日々感じたことや社長としてのビジョンや指針、マニフェストを毎日のように一つひとつ言語化していく作業に時間を割きました。最初は皆Facebookに慣れておらず、なかなか見てくれなかったりしましたが、さすがに毎日更新していると、社員の間でも日課となり、その社長コラムを社員に毎日読んでもらうことに成功しました。

こういったプラットフォームを先に作ってしまうことは一つの有効な手法で、多くのリーダーにそういった自分の思いを言語で伝える場所を作ってほしいです。会社経営などでいえば、なるべくクローズの場が良いでしょう。小さなプロジェクトのチームであれば、グループラインでもけっこうです。場を作ったら、ひたすら根気よく言語化して文字で伝えるだけです。

僕は社長になってからというもの、毎日毎日1年間くらい1日も欠かさずコラムを書き続けました。その中では、一つのコラムに一つずつでいいので、自分のポリシーを伝えるようにしました。

何を隠そう、この書籍を出版するきっかけになったのもそのコラムで、今まで自分はそんなに文章が得意なほうではなかったし、文才もなかったのですが、1年間続けたコラムでの言語化力の習得によって自信がつきました。また、文章作成の抵抗感をなくすことができたため、こうやって「書籍を出版する」といった昔の自分では到底思いもつかなかった目標を成し遂げることができたのです。

不思議なもので、コラムの中で例えば、

「自分は業者という言葉が嫌いだ。自分たちの仕事ができているのは、うちから発注している協力会社のみなさんのおかげだ。だからそれを忘れないようにしている」みたいなコラムを書いたとすると、うちの社長はこういう考えなのだなというのが社員にも伝わって、共感を得ることができ、社員もだんだん「業者」という言葉を使わなくなったのです。

また、言語化することで、会社の風通しを良くすることにも成功しました。普段話さないような経営上のメソッドも、「この先何を会社として仕掛けようとしているか」、「そこにはどんな意図があるのか？」など包み隠さず言語化し、毎日自分の理念や思考を公開したことで透明性が担保されたり、組織としての一体感が生まれたりしたのです。

これは社員の統率に悩んでいる社長にお勧めしたい。ぜひ毎日コラムを書いてください。社員にメッセージを伝えることで、社員が自分に共感してくれついてきてくれるようになるのだと思います。何より、「社長は毎日こんなに文章を書いてすごいな（＝努力しているな）」って思ってもらうだけでも価値があると思います。

言葉のチョイスも大事、結局伝わってなんぼ

「言語化する」ときは、一つの意味を伝えるために、いろいろな言い回しや表現を巧みに操る力が必要になります。僕がそのなかで意識しているのは、極力難しい言葉を使わないということです。

本書を読んでいただいておわかりのとおり、業界用語や広告用語などをできるだけ避け、わかりやすく伝えているつもりですので、おそらく中学生にも読んでもらえるのではないかと思います。広告業界にいていろいろな知識を得てくると、ついつい横文字のかっこいい言葉を並べたくなったり、言葉によってマウントを取りたがったりする人がいます。難しい言葉を巧みに使っている自分に酔っている感じでしょうか。

「クライアントとコンセンサスを取ってセグメントしながら、シナジーを生むことにプライオリティを置かないと、イノベーションを起こすことは難しいから、一旦ペンディングにしましょう」

なんて言われたら、「は?」って思いますよね。でも、これって話していて気持ちよくなって、使いがちになってしまう方がとても多いのです。しかしながら、リーダーとして

言葉を扱うのであれば、それがチームのメンバーや社員にきちんと理解できるような言葉で表現されていて、一発で頭にスッと入ってこないと結果的に伝わりません。

コメンテーターでもユーチューバーでも優秀で頭のいい人ほど、実はわかりやすい言葉で伝える努力をしているのだと思いますし、そういう人の話を聞いて学ぶのはとてもいいと思います。頭のいい人ほど話がやっぱりわかりやすいですもんね。

社長コラム

「あなたは何の仕事してますか？」の話

友達でも家族でも何でも、初対面の人にはよく「自分の仕事は何をやっているのか？」って聞かれませんか？　そのときどういうふうに説明していますか？

実はとても大事なことで、この答えは自分が何者で、普段どんなことをしているか？　サンコミって何をしてるどんな会社なのか？ってことなので、きちんと説明できなくてはいけませんね。

そのためには、自分のなかでの「お決まりトークパターン」を作ってしまうのが良いでしょう。

これは仕事に限らず、趣味や得意なこと、自分の考えを伝えるときにはどこでも使えるので、「お決まりトークパターン」集を作っておきましょう。いくつか僕のパターンをＱＡ方式でお伝えします。あくまで僕の説明なので、自分流にアレンジしてください。

Ｑ．仕事の種類、カテゴリーは？

Ａ．「広告業界」です。

まずは基本の導入部分です。仕事の種類を説明しましょう。「広告業界」と伝えることで、相手はだいたい想像が絞られてきます。ただ、おそらく「広告代理店」かな？と思われると思います。世の中にある広告は、「マス広告」、「ネット広告」、「SP広告」の三つに分かれるといいます。マス広告は、よく「4マス」なんていわれますが、テレビ、ラジオ、新聞、雑誌四つのメディアを総称して4マス媒体といいます。主要4媒体、4大メディアとも呼ばれています。それに対して、近年第5のマスメディアなんていわれてきているのが、SNSなどのインターネットです。そして、我々イベントプロモーションは「SP＝セールスプロモーション広告」の中の一つといえるでしょう。

Q. 具体的にはどんなジャンルの仕事？

A. イベントの企画と制作（またはプロデュース）をやってます。

プロデューサーじゃない人が、「プロデュース」って言うとかっこよく聞こえるけど、若干鼻につくかも（笑）。「広告業界」の話から入る場合は、他の広告媒体に比べて、「イベントはリアルな場で行うところが魅力」なんて言うと良いでしょう。

Q．どんなイベントをやってるの？

A．IT関係の展示会や、プライベートフォーラム、野球やサッカーなどのスポーツイベント、企業のプロモーションや記者発表、その他屋外イベントや、パーティ、時には株主総会や、国のイベント、大臣や皇室の方がいらっしゃるものもやります。あとは、そういったイベントや、プロモーションのプランニング＝企画もやっています。

僕の場合は、自分というよりは会社の説明をする機会のほうが多いので、できることをなるべく何でも伝えています。自分のことだけを話すときは、具体的な社名や、商品名を伝えたほうがイメージできますね。

Q．じゃあライブとかフェスとかもやるの？（これよく聞かれます）

A．コンサートはいわゆる「興行」＝客から料金を取って開催されるものなので、ちょっとうちの仕事とは違います。うちの仕事にはだいたいスポンサーや主催者がいて、お金の出所がちゃんと決まっているものが多い。あと、一部スポーツ以外は、「B to B」の仕事が多いです。

ちなみに新人さんのために一応補足すると「B to B」のBは、Businessの略で企業を指します。つまり、B to Bは、Business to Businessのことで、企業間取引のこと。

「B to C」は、Business to Consumerの略で、企業から消費者に向けた取引のことをいいます。

この話の流れで、「ルーティンワークじゃないところが魅力だ」みたいな話や、「自分で全部決められる裁量があることが自由で魅力だ」みたいな話もすることがあります。

そこからは立場やポジションによっていい面、悪い面が違うと思うので、それぞれ考えましょう。イベント制作の仕事は、世間一般からするとレアなので、せめて当の本人くらいは、ちゃんと相手に説明できるようにしておきましょう。大事なことは、毎回スラスラ言える、自分の「お決まりトークパターン」を持っておくことです。

第3のチカラ

≫

トライ系○○力

～努力でリーダーになれる～

やめない力

何事もやめなかった人生

「継続は力なり」という言葉があります。僕の好きな言葉、座右の銘は「好きこそものの上手なれ」なのですが、それと同じくらい今まで40数年間生きてきたなかで、一番体現してきたのはこの「継続は力なり」かなと思います。

僕は5歳からピアノを習い始めました。5歳の頃のことなんてあまり覚えていないのですが、おそらく自分でどうしてもやりたいというよりは親が習わせたかったのだと思います。他界した親父は子どもの頃僕に「中学3年生までは絶対にピアノは続けろ」と言い、途中あまりピアノの練習が好きじゃない時期もあったのですが、中3まではとにかくやめさせてくれませんでした。

親父が小さい頃、同じようにピアノを習っていたのに途中でやめてしまったことで結局弾けるようにならず、何にも自分のなかにスキルとして残らなかったことを悔やんでいるからだそうです。親父はそんな昭和の頑固親父で、今思うと半分親のエゴで僕にピアノを続けさせたのですが、結果的には僕はそのことにとても感謝しています。

中学の頃、ピアノが弾けたことで僕は学校で目立つことができました。当時の中学校の女性の音楽の先生が、今では考えられない男尊女卑的な思考でして、ピアノは男が弾いたほうがかっこいいというとても強引な理由で、僕に『大地讃頌《さんしょう》』の伴奏を無理やりさせました。

当時、僕は受験勉強をけっこう頑張っていて、正直ピアノもそこまで上手ではなかったので、ピアノの練習に時間を割くくらいなら勉強をしなくてはと思っていたのですが、半ば強制的に伴奏の担当にされたので仕方なく練習をして、『大地讃頌』を弾くことにしました。この曲、ピアノをしていた方にはわかると思うのですが、キーが複雑で、シャープやフラットが多く、また合唱なのに途中ピアノソロがあるという曲で、見せ場が多く確かに力強くかっこいいのです。

それがゆえに、ピアノを習っている生徒からは憧れの曲で、女子にも伴奏をしたい子がたくさんいました。そんななか先生の指名により僕が伴奏者に選ばれてしまったので、大人になってから、当時彼女たちからけっこう妬まれていたことを知りました。

こうして僕は中学3年の文化祭で『大地讃頌』を弾いたのですが、その後に各クラスでこの曲を弾ける生徒はたくさんいたにもかかわらずなぜか卒業式での伴奏にも抜擢され、全校生徒の前でピアノを弾くことになりました。

結果的に、この学年を代表して弾いた『大地讃頌』のおかげで僕は、音楽を人前で演奏することに興味を持ち、高校生でバンドを始め、最終的にはミュージシャンを目指すことになりました。

あのとき、親父が言うように中3までピアノを続けていなければ、決して高校生でバンドをすることもなかっただろうし、ましてやミュージシャンを目指すこともなかったと思います。その人生は少し遠回りだったのかもしれないけど僕は、やりたいことをできたおかげで今の自分があると思っているので、今ではとても感謝をしています。

それ以外でも、僕はやめる勇気がなかったのか、何かを始めたら多くのことをやめずに続けるタイプの人間でした。少年野球は小学校1年生から6年間、サッカーは3年生から3年間、中学の陸上部も3年間やめずに続け、アルバイトに至っては高校2年生から、サンコミに入社する直前の27歳まで続けていました。ちなみに、恋愛でも19歳から付き合った彼女が、今の奥さんだったりします。

そうなんです、この「やめない力」こそが、僕を形成しているのだと思います。これはよく言えば、ちょっとのことで投げ出さない、逃げない、諦めないことで、多少嫌なことがあっても続け、続けたからこそ得たものをきちんと自分のなかに吸収できてきたのだと自負しています。

その一方で、おそらくやめる勇気がなくて、新しいことに挑戦する行動力や見切りをつけるような損切りの判断力に関してはあまり得意ではなかったのかもしれないのですが、それも僕の生き方だったのだと思います。

「やめない力」で、初めて就職した会社の社長になった

こうして小さな頃から何事も「やめない」できた人生のなかで、一番成果を上げたのが「会社をやめなかった」ことでした。

僕は慶應大学の経済学部を卒業しながらも、1秒たりとも就職活動をせず、ミュージシャンを目指してバンドのボーカルと一緒に行動しました。今思うと、高校から私立に通

わせてもらって、決して裕福でもない普通の家庭で、毎年100万円を超える学費を7年間も払ってもらったのに就職をしないという親不孝者だったと思います。

それでも親父は「自分の人生だから好きにすればよい。夢に向かって頑張れ」と背中を押してくれたのですが、ずいぶん大人になってから「実は母親はちゃんと就職してほしいと思っていた」というのを聞かされました。しかし、何も反対することもなく、自分のやりたいようにさせてくれ、CDを買ってくれたり、ライブに足を運んでくれた両親にはとても感謝をしています。

そして、27歳のときに夢破れてバンドを解散し、音楽の道は諦め、さすがに就職しようと入社したのが、今自分が社長を務める株式会社サンコミュニケーションズというのはすでに述べました。

特に広告の仕事やイベントの仕事がやりたかったわけでもなく、音楽業界のような華やかな仕事に近しいかな、という安易な理由で入社しました。30手前の社会人経験ゼロの自分をよく採用してくれたと感謝しかありませんが、それでも少なからず自分が努力をしてきた結果である「慶應卒」というのは、多少なりとも効いたような気がしています。

僕自身学歴社会の恩恵は受けずに生きてきたのですが、こんなところで助けられるとは思いませんでした。おそらく、慶應卒でなければ、今の僕が面接官でも落としていたと思います。

そうして始まった初めての社会人生活ですが、当時は今では考えられないくらい残業も多く、毎日終電かタクシー帰り。徹夜もしょっちゅうで、サンコミは「不夜城」と呼ばれているくらい過酷な労働環境だったのですが、ここでも小さい頃から培われてきた「やめない力」を発揮し、僕はこの仕事を続けました。

するとどうでしょう、周りがどんどんとやめていくなか、やめない僕に仕事は引き継がれ、わずか2年くらいで、当時サンコミのアカウントだったJリーグの年間数億円も売上のある仕事を任されるようになりました。

その後は、3年でプロデューサーに昇格し、32歳で執行役員になり、39歳で社長になることができました。自分では特別に努力をしたとはあまり思っておらず、周りの優秀な先輩方がどんどんと会社をやめていくなかで僕はただ頑なに「やめなかった」だけ、これに尽きると思います。うちの会社は、僕が生まれた次の年に創業された、実はかなり老舗の広告・イベント会社なのですが、僕より先輩の社員は2名しかいません。「27歳までバンドマンで、今は初めて入社した会社の社長をやっています」という一行で語れる僕の経歴は、いろいろな人に珍しがられ、驚かれますが、そのときは必ず謙遜しながらこう答えています。「やめなかっただけです」と。

会社の財産は社員、やめない社員を育てよう

自分が会社を経営し、リーダーとして先頭でチームを率いていくなかで、どういう人材を評価するか、大事にするか、と聞かれると「やめない人」と僕は答えます。先ほど述べたように、この業界、そしてうちの会社は昔から過酷で離職率がものすごく高かったのです。

僕が入社したとき、先輩方に「深澤くん、結婚しているみたいだけど大丈夫？」と言われましたが、最初はその意味がわかりませんでした。見渡すと既婚者は当時ほぼいなくて、妻帯者や子どもがいる社員が勤められるような生ぬるい環境ではなかったようなのです。しかしながら、僕はそれにもめげず、当時では珍しく子どものいる社員として続けてきました。

僕が執行役員になった頃からは、「やめない」ではなく「やめさせない」ことを目指し、

いかに社員に長く勤めてもらえるかを考え、特に最近は会社の福利厚生や健康面、長期労働の是正や職場環境の改善に力を入れています。長い歴史のなかで、退職金制度がなかったことにも疑問を持ち、今では一定の勤続年数を超えた社員には会社側で積み立ての保険に加入することで、退職金の準備も始めました。

こうして会社として社員が「やめない」環境や制度を整えるなか、やはり僕が評価するのは「やめない」社員です。

社員教育というのはコストと時間がかかり、新人の頃から育ててその人が自分の力で稼ぐようになり、会社に利益をもたらすにはおそらく3年から5年かかるといわれています。その間にやめてしまったら、会社は投資するだけ投資して、利益を得ることもなくコストばかりかけて終わってしまいます。そうなると、いかに社員に長く勤めてもらい、そこで成長して、利益を生んでもらうかが極めて重要で、会社経営の根本はそこにあると言っても過言ではないと思います。

ありがたいことに、今のサンコミには勤続5年を超える社員がたくさんいて、最近の離職率はかなり下がってきています。特にコロナになってからは、ほとんどの社員がやめることなく在籍してくれ、新しい社員を増やしている状態が続いています。

社員が「やめない」会社づくりと、多少のことでは「やめない」社員を育てることができれば、きっと良い会社がつくれるのだと確信しています。

社長コラム

「親父が10年間やめなかった少年野球の監督」の話

今の若い方は信じられないかもしれませんが、昔の日本はまだ週休2日制が定着しておらず、僕らが小学生の頃は土曜日は学校があって普通に通学していた記憶があります。それは学校だけではなく、世のサラリーマンも日曜日しか休みがなかったんですね。

本題に入る前に自分でもいつから週休2日制になったか調べてみました。

企業の週休2日制

日本の企業で公式に週休2日制を導入したのは、松下電器産業（現・パナソニック）とされています。昭和40（1965）年4月17日だそうです。しかしこれは早い稀な例。他の企業が週休2日制を導入しだしたのは、昭和55（1980）年頃からとのことです。官公庁は平成4（1992）年に、完全週休2日制となったそうなので、確かに僕が小学生の頃は親父は土曜日も働いていました。

学校の週5日制

文部科学省によると、学校週5日制は平成4（1992）年9月から月1回、平成7（1995）年4月から月2回という形で段階的に実施してきたのだそうです。そして、その翌年に中央教育審議会答申でも、子どもたちに生活体験や社会体験などのさまざまな活動をさせて「生きる力」を育むために完全学校週5日制が提言され、平成14（2002）年度から完全な週5日制になったのだそうです。

今思うと、公立の小中学校や高校が週2日休みになったのは、わずか20年ほど前のことだったんですね。

今日のお話は僕の親父の話です。

我が家は男3人兄弟、僕は次男です。次男は一般的には「ちゃっかり」している、といわれ、世渡り上手とされています。兄は3学年上、弟は年子で1学年下。深澤家の3兄弟は3人とも小学1年生から少年野球に入り、6年まで6年間少年野球を続けました。

僕と弟は3年生からはサッカーと掛け持ちになり、野球少年かつサッカー少年でした。さらに僕はそれ以外にピアノを週1回と、美術教室に週1回通っており、今思うとどれだけ多忙な小学生なんだ？と思います。

さて、そんな少年野球チームは小学校単位で組織されていましたが、運営は学校ではなく保護者でした。つまり、監督、コーチは生徒のお父さんたちがやっており、試合があると交代でお母さんたちが1日子どもの引率を担当していました。

我が家はというと、親父は若い頃別に野球がうまかったわけでも野球部なわけでもないのですが、息子たちと一緒に少年野球チームの指導をしており、監督でした（ちなみにサッカーのほうもコーチをしていました）。

先述した通りうちの親父は、昭和の頑固親父的なところがあって怒ると結構怖かったんです。なので、同級生など子どもたちから慕われる優しいお父さんではなく、厳しい監督でした。僕は周りの友達からも「深澤監督怖い」とか、「また深澤監督に怒られた」とかしょっちゅう言われていたので、野球は好きだったのですが、親父が監督をしていることはすごく嫌でした。

ちなみに、高学年になると自分の子どもがいる学年の監督はやらない、というルールができたらしく、同じチームに親父が監督をすることはなくなったのですが、それでも時々うちの親父の鬼監督っぷりが噂で聞こえてきて、肩身の狭い思いをしました。

ちなみに親父の名誉のために話しておくと、子どもには人気はなかったのですが、保護者からは「深澤監督は、ビシッと子どもに指導してくれるから頼もしい」と一定の評価はあったそうです（笑）。

そんな親父は、３学年年上の兄が1年生のときから、1個下の弟が卒業するまでの10年間、毎週日曜日は必ず子どもと一緒に、朝早くから夕方遅くまで、少年野球の監督を務めました。しかも途中からは、息子がいる学年のチームではなく、他学年の監督を。それに加えサッカーのコーチを４年間。

僕は少年野球から、チームワークや、友達とのコミュニケーションのとり方、頑張ること、努力することを学んだし、家族共通の話題としてはいつも少年野球がありました。

ここで週休２日制の話に戻ります。親父が27歳のときに兄が生まれたので、親父は33歳から43歳まで、唯一の週1日の休みの日曜日を、少年野球に費やしていたのです。たいして野球が好きでも、うまくもないのに。

自分も今40代になりましたが、週休1日だったら？　その休みが毎週子どもの少年野球の練習で潰れちゃったら？と思うとゾッとします。多分耐えられません。

やはり、自分が親になってみないと、親の気持ちや努力ってわからないものですね。親父は僕ら3兄弟の成長を、少年野球の監督を10年間やめずに務めることで、ずっと見守ってくれていたんですね。

昔親父にこんなことを言われたことがあります。「お前たちに親がしてあげたことは、親に返す必要はない。自分の子どもに返してやればいい」と。

僕は高校から私立で、大学までの7年間毎年高額の学費を親に払ってもらいました。しかし大学を卒業すると、就職もせずに自分のやりたい音楽ばっかりやっていました。それでも親父は「自分の人生だから、自分がやりたいことをやればいい」と言って応援してくれました。

僕はそんな親父から、何事もやめずに続けることの大変さや、すごさを学びました。まさに継続は力なりです。自分が娘3人にこれからどう還元できるのか？ やはり親から学ぶことは多いです。これから親になる人も、すでに親の人も、自分の親が何を自分にしてくれたかを、振り返ると良いかもしれません。

お任せ力

自分でやるより難しい、人に任せること

多くのリーダーと呼ばれる人やリーダーになるであろう人は、おそらく他の人よりもスキルや能力が高いのだと思います。営業であれば営業成績が良かったり、制作であれば制作能力に長けている。そんな人は自分が任された仕事を、チームの中心になって遂行することはお手のものなのかもしれません。

しかしながら、良いリーダーとして組織やチームを成長させるためには、リーダーのワンパワーだけでは賄いきれなくなってきます。そして、リーダーのワンマンで突き進んでも、そこには目標とするゴールは決して見えてこないでしょう。

そうなると、自分と同じことができる人を育て、任せることが必要になってきます。でも実はこの「任せる」ということ、簡単なようで実は自分でやるより何倍も難しいのです。

それに挫折してしまう人が多く、いつまで経っても人に任せることができずに、自分でやっちゃうビジネスマンが世の中にはあふれています。

そういう人は「プレイヤータイプ」なんて皮肉を言われたりしてしまいますが、では「人に任せる」にはどのようなコツや心得があるのか、僕なりの方法論をお伝えしたいと思います。

ステップ1　任せるとは見守ること

よく人に任せるというと、もう自分は何もしなくてもいい、人に全部やってもらうことを想像しがちですが、それができるのはよほど信頼できる、優秀な相手でないと難しいです。なので、「任せる」のファーストステップは、きちんと見守ることになります。

任せることで相手に責任感や自立心を持たせることは大事ですが、任せたが最後、その進捗を見守らないのはあまりに無謀なので、最初はその人の制作進行過程や行動を確認するようなやり方を試してみましょう。

例えば、メールなどはすべてCCに入れてもらい、その人がどのようなやり取りをしているかを把握する。また、定期的に直接会話し、コミュニケーションをとって、何か困り事がないか、やり方を間違っていないかをチェックすると良いと思います。任された側も、最初はそのほうが安心できますし、いざというときにリーダーに判断を委ねることによって、大きな事故を未然に防ぐことができます。

人の進捗を見守ると、とても時間を奪われます。つまり、「自分でやったほうが何倍も早くて楽なもの」ですが、人を育てるという覚悟を持ち、それを理解しておかなければなりません。「任せること」は決して楽ができることではなく、ジョブオントレーニング、要はやりながら相手に体験させ、教えていく行為だと頭で理解して、根気よく見守っていきましょう。

そして、少しずつ繰り返すことで、相手の成長とともにその労力から徐々に解放され、最終的には見守る必要がなくなり、全部任せられるようになるのです。そのときまでの長い道のりを覚悟して、まずは見守りながら任せてみましょう。

ステップ２　任せるとは裁量を与えること

「任せる」うえで重要なことは、任せた相手に一定の裁量権を与えることです。口では任せる、任せると言っているのに、いざというときにその人が決断や判断ができないような裁量しか与えていないと、それは任せたとは言えません。思い切って、任せた相手には自分で判断できるような裁量や権限を与える＝エンパワーメントすることを意識しましょう。

僕も会社経営の中の組織体制として、30人近い社員を６つのユニットに分け、６人のユニットリーダーを任命しています。大きな会社でいう部署や支部長みたいなことなのですが、そこに多くの裁量権を与えて、そのユニットリーダーがたいていのことは自分で判断できるようにしています。

休暇の申請や会社の定めるルールに対する稟議、経費の使用や申請、協力会社への発注権など、給与やボーナスの支給額の決定や経営的な判断以外、プロジェクトにおけるほとんどの権限をそのユニットリーダーに与えています。最近では、法人クレジットも作り、各リーダーに配布するなど、信頼感を持って業務効率に努めています。そうすることで、任されたほうも責任を持ち、自分の力でチームをまとめたり、やりきろうとします。

でもこれ、実はプレッシャーも同時に与えていて、裁量を与えるということは、その見返りとして結果を出さなければいけないということなのです。うちでいえば、各ユニットの目標売上や利益を明確に伝えていて、各リーダーはその達成に向け努力をします。「これだけ任せてもらえているのだから目標達成に向け頑張ろう」。そういう流れと信頼関係をお互いに作ることで、結果的に売上を達成し会社が儲かる、そういうお互いが縛られることなく、ウィンウィンの関係をつくっていくことが「任せる」ということなのです。

ステップ3　任せるとは責任を取ること

当然ですが、任せることには大きなリスクを伴います。任せておいて失敗することは多々あって、それでも任せ続けることができるか、の根気比べになってきます。自分がやれば確実に利益を上げることができるし、失敗をしないのもわかっていますが、それでも任せることで、時に平気でお金を無駄にしてしまうこともあります。

また、結果失敗してしまって、最終的に責任者として僕が謝罪に行くこともたくさんあります。この覚悟を持って任せることができるかが大事であって、任せるということはその任せた分も含めて、最後はすべて自分が責任を取るという覚悟の上に成り立つことなのです。そうでなければ任されたほうも自由に力を発揮することができません。

僕は、スキルや能力、経験に見合わない大きな仕事を、あえて部下たちに任せることがあります。そのときは、心のなかで半分くらい「失敗してもいい」と思いながら任せるようにしています。なぜなら、失敗から学ぶことは本当に多いからです。

僕が若手の頃、大きな仕事を自分がリーダーになって担当して大失敗したことがありました。そのときは、さらに上のリーダーが責任を取ってくれたりしたのですが、その失敗から多くのことを学び、またその失敗を回避する術も覚えました。

お金についてもそうです。総額5千万円くらいの売上になるイベントのプロデュースを任されたのですが、利益を出すどころか赤字を出してしまうこともありました。しかし、利益を出すことの難しさやお金をもらうための交渉術だったり、またその赤字を赤字に見せないための工夫や、赤字を出すことによって相手に恩を売って次の営業につなげる、なんてことも学びました。

今思うと、そうしたダイナミックな失敗を体験させてもらえたからこそ失敗しない能力が経験のなかで身についたわけで、失敗しないためには失敗した経験が一番の財産になるのだと思います。そのくらい「任せること」には大きなリスクが伴いますが、長期的な視点で見るようにしましょう。今大変な思いをして「任せること」が、後々の自分に返ってきて、楽ができるような日がいつかやってきますから。

任せたことによって成長する人

とある社員の例ですが、彼女は何年か経ってもなかなか仕事の出来が良くならなくて、上司からは評価されず、あまり重要な仕事を任せてもらえませんでした。重要な仕事を任されないということは、いつまで経っても雑用のような仕事ばかりになってしまい、結果的に成長につながらないし、またその上司とも人間関係的にもよろしくないということで、半ば解雇されそうな状況でした。

そんなとき、当時の社長に頼まれ、チーム替えをして、僕がその社員の面倒を見ることになりました。僕のチームには、その彼女と同じくらいのキャリアや社歴の者が数名いましたが、その社員たちは僕が多くの案件を任せていたことによって経験を積み、自分でバリバリ仕事を回して売上も上げていました。

スキル的に言えば、新しく面倒を見ることになった社員は、元々いる成果を上げている社員のアシスタントにつけ、上下関係をつけながら育てていくのが通常だと思いますが、僕はあえてその出来の悪かった社員も今までいたチームのスタッフと同じ扱いをして、任せてみることにしました。

するとどうでしょう、今までそんなに重要な仕事を任せてもらえなかった彼女が、みるみるうちに頭角を現してきました。もちろん、最初は不慣れな感じで、その過程では何度も失敗もしたし、うまくいかないことも多々あったのですが、そこは先ほど説明した、「見守る」、「裁量を与える」、「責任を取る」を実践しながら根気よく寄添い、一緒に乗り越えていくことができました。

結果的に、彼女は当時の僕のチームの新たなリーダーとして多くの仕事をこなすようになり、会社の売上に大いに貢献することができました。彼女は今では立派なユニットリーダーの一人として大活躍。トップの営業成績を誇る会社にとってなくてはならない存在になりました。

今でもこの話を本人ともすることがあるのですが、ありがたいことに「あんなにできなかった自分に、あのとき重要な仕事を任せてもらえて感謝しています」と言ってくれています。僕が他の社員と同じように任せたことで、本人も一生懸命努力して、責任感と負けん気を持って仕事に打ち込み、なんとか自分をあまり評価しなかった上司を見返してやろうと、必死になって頑張った結果でした。

やはり大きな覚悟とリスクを持って「任せた」ことがきっかけだったので、僕は我ながらあのときの差配と判断は正しかったと自負していますし、今の自分のリーダー論に自信を持つきっかけにもなっていて、逆に彼女に感謝をしています。

その後も、僕はあまり自信のない人や、出来が悪いと言われてきた人にも、仕事を「任せる」ことで開花させてきました。でもそれは、自分が偉いわけでも何でもなくて、本人が努力するきっかけを作ったに過ぎないのです。

ですので、多くのリーダーのみなさんには、勇気を持って「任せる力」を身につけてもらいたいと思います。任せることなく、成長はありません。

社長コラム

「経費の使い方と権限」の話

本コラムでは経費についてのお話をしようと思います。多分我が社の社員は、こう思ってくれているんだと思います。

「うちの会社、経費を使うの他の会社より結構ゆるいな」

間違ってはいません(笑)。ただし、それにはいくつか理由があるんです。若手のみなさんは特に、これからプロデューサーになるには、正しく「お金が使える」スキルを持っていないとだめだと思っています。だって、リーダークラスは年間で1億円以上ものお金を扱うようになるんですから、「お金」の価値がわからなかったり、「お金」を使ったことがない人、稼いだことのない人には、それが難しいからです。「お金」に慣れる意味合いもあって、経費を使うのも、成長のためには必要な経験の一つだと思います。

例えば、何十万円もの仮払いを現場でスタッフに預けて、管理させたりするのも訓練です。そのかわり大人なので、なくしても、精算が合わなくても自分の責任です。

先日我が社のミーティングで「経費ＯＫ」にした項目や新しいルールは以下です。改善案、新規提案はおおよそ二つです。

1．チーム内での親睦会や飲み会の経費計上を許可する
2．展覧会やイベントへの参加費を、研究費として経費計上することを許可する

この施策が意図するところは何かと言うと、社長が「経費使用の範囲やルールを緩くした」ではなく、社長が「経費使用の権限を、チームリーダーの判断に委ねた」ということです。今期はチームリーダーの人数は僕を除くと5人です。つまり、僕が会社を経営するにあたって、信頼している5人を選んだのです。この5人なら、

「売上目標を達成するための努力を惜しまない」

「僕が意図することを理解し、それを部下たちに伝える力がある」

「売上や利益を想定しながら、さまざまな対処や判断ができる」

と、僕は思っています。

今期からは、中途採用もあり、各チームの人数は増員し今までよりもチームが強化されました。チーム毎の売上目標（いわばノルマ）は、おおよそ2億円です。さらっと発表しましたが、よく

考えたら、

「2億円ですよ！　2億円！」。

これって、ちょっとした中小企業の年商を超える額です。そうなると、チームリーダーは、いわば年商2億円の会社の社長みたいなものです。2億円の会社を経営するには、やはり「お金を扱う権限」と「覚悟」「判断力」が必要だと僕は考えます。2億円も稼がなければならないのに、あれをやっちゃダメ、これをやっちゃダメでは、やってられません。ですから、その一つの方法論としてチームリーダーに経費使用の権限を委ねたというわけです。

また、そこにはポイントがあって、経費の出どころは「ジョブの売上・利益から捻出」しなくてはならない、というところです。年間の売上目標という大きなタスクを背負っているチームリーダーには、経費を使ってよいかどうかを、覚悟をもって判断する必要があるのです。だって、例えば、売上目標に達しなかったら自分はおろか、自分のチームのスタッフの給料が下がるかもしれないし、ボーナスも貰えないかもしれない。そんなリスクや、売上見込み、利益計画もあったうえで、経費を出すところは出し、締めるところは締めているのです。

つまりは、まとめると実は「1.」「2.」は親睦会だろうが、美術館だろうが、タクシーだろうが、もはや一つひとつの項目や内容、ルールの話はあまり関係なくて、いろいろひっくるめて「チームリーダーが判断したなら任せる」ということなのです。多分リーダーたちはもう言わなくても理解してくれているはずです。
皆さん、これからリーダーの指揮のもと、正しく経費を使いましょう。

感謝力

仕事をするうえで感謝の気持ちは忘れない

この項目では、とても当たり前だけど大事なことを伝えたいと思います。それは、一にも二にも感謝ということです。

仕事をするうえでは、うちの社名にもなっているコミュニケーションが大事で、多くの人と関係を良好に保ちながら、協力することで目的が達成できたり、課題が解決します。そんなときに、きちんと感謝できる人間でありたい、感謝をしていこう、と僕は心に決めて仕事をしています。リーダーという人の中心に立つ存在だからこそ、小さな感謝も忘れずに、おごらず高ぶらずいきたいものです。

前項で語った「言語化力」にも通ずるところがあるのですが、やはり感謝の気持ちも、こちらで思っているだけや感じているだけでは相手には伝わりません。大きな仕事を成し遂げた後はもちろん、日々の小さな行動のなかにも「ありがとう」や「助かる」、「嬉しい」など感謝の気持ちを相手に伝えることを、意図的にしてみると良いでしょう。

昔、イベントの現場を終えると必ず握手をしてくる代理店のクライアントがいました。最初は照れ臭いような気もしていましたが、いつの間にか毎現場、終わって握手をするのがルーティンになり、そのときに交わしてもらう感謝の言葉と手の感覚で仕事の達成感を得ることができました。

このように、熱意を持って感謝をしてくれるリーダーには周りもついてくると思いますし、きっとそのメンバーたちもまた別の人に感謝できるような人に自然となっていくのではないかと思います。何より、感謝されると気持ちよいものですし、感謝されて嫌な人っていないと思いますからね。

感謝力の訓練は、LINEのメッセージから

リーダーが日々の業務のなかで一番人と接触をする機会が多いのは、何でしょうか。直接会ったときの会話やメール、電話など、いろいろあると思いますが、今はLINEが一

番多いと思いませんか。もはやプライベートだけでなく、仕事上のやりとりでも必要不可欠になっているこのＬＩＮＥのやりとりが、コロナ禍の加速もあってか、コミュニケーションの大半を占めるようになりました。

一方で、ＬＩＮＥは使い方を間違えるとトラブルも多く、例えば学生の間ではＬＩＮＥによるいじめもあるらしいのです。仕事においても、上司からのダメ出しや説教、深夜などでもメッセージで追いかけられてしまうことなど、便利がゆえに使い方を間違えてしまうと凶器にもなってしまいます。文字だけの無機質なものですが、鋭い言葉がいつまでも残ってしまうので、ＬＩＮＥで厳しい言葉は使わないように教育をしたりしているのですが、逆にこの接触機会の一番多いＬＩＮＥでこそ感謝を日々伝えていってはどうでしょうか。

僕は密かに実践しているのですが、ことあるごとにＬＩＮＥのメッセージの文末に「ありがとう」と付け加えるようにしています。「了解、ありがとう」、「わかりました、サンキュー」、「オッケー、助かりました」、「お願いします、ありがとう」、こんな感じです。

これがテンプレートのように思われてもいいですし、文脈にあまり関係なくてもいいです。でも、やりとりにちょっとした「感謝」を込めることで、気持ちよくなるし相手も顔を想像できます。少なくとも「ありがとう」とメッセージについていれば、相手は怒った顔や嫌な顔はしていないだろうと思ってもらえると思います。

日々感謝の気持ちを伝える機会も少ないので、こうしたちょっとしたやりとりに、「感謝」を込める癖をつけてみてはいかがでしょうか。感謝を表現できるリーダーはきっと慕われるはずです。

感謝の気持ちをDXで仕組み化

ここでもう一つ、弊社で実践している感謝の気持ちをオンラインのシステムの中で仕組み化しているあるサービスを紹介したいと思います。いわゆる社内専用のイントラネットとして活用しており、いくつかの機能を持ったものです。

例えば、掲示板の機能もあり、うちの会社ではイベントが終わるごとに「現場レポート」を上げてもらい、他のチームがどんな仕事をしているかを共有できる仕組みに使っています。

その他にも、気になったニュースのシェアや社内の連絡事項のアナウンス、業務で担当しているメルマガでの情報発信、僕のコラムや広報企画など読み物としてのコンテンツを充実させており、日々覗きにいくと何らかの情報が上がっているようにしています。以前僕がFacebookでコラムを書き続けたように、毎日社員にそのイントラネットを訪れてもらい、オンライン上でもコミュニケーションを図ることが目的だったりしています。

そして、ここからが本題ですが、このイントラネットにある僕の気に入っている機能として「コインの送付」というものがあります。簡単にいうとコインを社員同士送り合うことができ、ポイントとして貯めることができる機能で、小さな「ありがとう」の感謝の気持ちを添えて、コインを送り合うことができるのです。

初めはみんなちゃんとやってくれるのかな、と疑心暗鬼と面白半分で実験的に始めたサービスだったのですが、僕が率先して「〇〇してくれてありがとう！」、「〇〇おめでとう！」というメッセージとともにコインを送ることで、感謝の気持ちを伝える場として認知されています。

誕生日のときにはみんなから祝福してコインを送ったり、現場を手伝ってくれた別のチームの社員にお礼を言ったり、社内の片付けや社内業務に協力してくれた人にありがとうを言ったり、今ではいろいろなシーンで活用しています。

一見照れ臭いような、ちょっと面倒くさいようなこの感謝を伝えるコインのシステムの良さは、「コインが換金できる」ことにあると思っています。貯まったポイントは、アマゾンポイントやギフトなどに還元できる仕組みになっています。ありがとうのモチベーションだけでは、なかなか定着しないのはわかっていたのですが、ポイント制度となるとちょっとゲーム感覚で使えるし、かつ、きちんと還元されるので、みんなが使ってくれるようになりました。

昨今はコロナ禍でリモートワークも増え、フリーアドレスにしたこともあって、会社に大勢が集まることが減ってしまいました。そうなると自然と直接のコミュニケーションの機会が減り、何となく社員同士も疎遠になってしまいます。

でも、そんな世の中だからこそできる、デジタルやオンラインを活用したコミュニケーションの方法がきっとあるはずだ、と考えました。しかもそのなかで日々の小さな感謝を目に見える形にすることができるツールはないかと思い、探しだして導入したサービスです。

きっかけは何でもいいのですが、そうした感謝力がそれぞれに浸透することで、結果またそれぞれの仕事の関係のなかでも感謝をすることが広がっていけば、会社自体が円満になり、いい人間関係が構築できるのだと僕は思います。

感謝による効果のメカニズム

「感謝」に関する研究は実はいろいろなところでされていて、さまざまなメカニズムを唱える人も多いです。感謝は、利益や幸福に気づくことによって、その感情が芽生えるのだそうですが、感謝にはいくつかの効果があって、感謝をすることによって、また感謝をしやすい性格や思考回路になることによって、自分にもプラスに働くメカニズムがあるのだそうです。

普段感謝をあまりしない人からすると、一見自分が行わなければならない億劫な感情のようにも捉えられそうですが、そんなことはありません。僕が以前目にした、カリフォルニア大学のデイビス校の心理学者ロバート・エモンズ教授の『感謝日記』という研究がとても参考になったので、今回その効果で目ぼしいものを3つ紹介したいと思います。

1. 感謝をすると喜びが増える

感謝をすることで自分自身の喜びが増え、人生を豊かにしてくれるそうです。

例えば、お金持ちになって、好きなものがなんでも手に入ったりする人生があるとします。最近の若者は、「FIRE（ファイア）」などと言って、株や投資で得たお金で若くして仕事をリタイアしてあとは働かずに一生遊んで暮らすことを目指す人もいますが、そうして自分の欲しいものが思いどおりに手に入ると、感謝の気持ちは自ずと薄れていくでしょう。そこでは、喜び、嬉しさ、前向きさなどプラスの感情への感受性が損なわれ、それも当たり前になってしまう。

そうではなく、「些細なことでも感謝をする」、「感謝を忘れない」。そうすることで、自分自身の喜びや幸福感を噛み締める豊かな気持ちを味わうことができるのです。

2. 感謝をすることでポジティブになれる

感謝の効果として、ネガティブな感情を遠ざける効果があるといいます。例えば、僻《ひが》み、恨み、嫉妬、後悔、怒り、絶望。これらの感情からは幸福を得ることはできません。それは、そういったネガティブな感情と感謝の気持ちが対極にあるからで、共存することができないからだそうです。

感謝の気持ちを持つことで、自分自身の喜びも増え、前向きな気持ちになりポジティブな思考が身につきやすくなるのです。感謝の気持ちを持つことで、うつ症状にも改善が見られるといった効果もあるのだそうです。

3．感謝でストレスが軽減する

多くの研究で、感謝をする人は辛いことや悲しいこと、苦しいことから回復するのが早いという結果が出ているそうです。感謝をすることで、自身の精神も安定し、ストレスを溜めづらくしたり、ストレスを和らげる効果があるそうです。

ストレス社会という言葉があるように、ビジネスにおける社会人生活には多くのストレスがつきものです。ストレスを溜めることで健康面にも被害があるといわれています。多くの感謝をすることで、自分のストレスを軽減したり、ストレス状態からの復帰を早め、安定した精神、健康な心身で生きていくことができるようになると思います。

社長コラム

「使わないようにしている言葉」の話

この仕事をしていて、自分のなかで意識して使わないようにしている言葉があります。簡単にいうと、「外人」と言わずに「外国人」と言うようにしている、みたいな話です。ぱっと思い浮かべたら、いくつかは意識しないと普通に使われている言葉だったりしたので紹介します。

言葉は難しくて、今から僕が紹介する言葉も意味合いだけとると、決してダメな言葉や使ってはいけない言葉でもないのですが、言い方とか使うシーンによって変わってくるんですね。

一番気にしたほうがいいのは「受け手」の気持ちだと思います。ですので、僕の場合は、「一般論」としてや単なる「会話の一部」に使う分にはたぶんそこまで気にしませんが、特に直接相手に向かっては使わないようにしている言葉です。それでは参りましょう。

1.「業者」

「業者」は〝事業を営んでいる事業者や人〟のことを指す言葉だそうです。

日本の国税法令でいえば、「事業者」とは個人事業者（事業を行う個人）と法人をいいます。また、「事業として」とは、対価を得て行われる資産の譲渡等を反復、継続、かつ独立して行うことをいいます。

この意味だけ見ると、特に何ら問題はないように感じられますが、こんな表現を聞いたことはありませんか？

「業者扱い」

これは意味合い的に、対等ではなく相手を自分より下位のものとして扱うことを意味したりします。ですので、「業者」という言葉を使うこと自体に悪意はなくても、その印象がついてしまっているところがあります。

僕はそんなイメージがあるのと、実際にそういう立場の会社の方からも「業者」って言われたくない、「業者」って言われると嫌な気がする、という声を聞くので使わないようにしています。

代わりの言葉として使っているのは「協力会社」です。我々が発注している会社の方々は「パートナー」ですから、発注の商流（お金の流れ）だけで上とか下はなく、「協力会社」なんですね。ぜひそう呼んでみてください。ちなみに、それでも会話の中ではときどき「業者」って言ってしまうこともあります。そういう場合はせめて「業者さん」とすると良いかもしれません。

2.「外注」

これもほぼ「業者」と考え方は一緒です。発注は確かに外の会社にしていますが、やはりそれは「パートナー」であり「協力会社」なので、社内や書類上の表現で使うのはよしとしても、直接耳に届く範囲では控えたほうがよさそうです。

ちなみに、「外注」という行為を表す場合は「アウトソーシング」といった言葉も同じ部類で使えます。あと、実は「外注」が嫌がられる理由に言葉の響きがあるみたいです。「ガイチュウ」は「害虫」を想起させてしまうのですね。

3.「上《うえ》」とか「下《した》」とかいう表現

何気ない会話に、「上」とか「下」とかいう言葉を使ってしまうことがあります。

・上の人たち（クライアント）が言ってました
・上の立場で～
・上の人（上司）に聞いといて
・その業務は「下」にやらせときます
・下の立場で～
・下に言っといて

「上から目線」や「下請け」って言葉がありますが、「上」とか「下」とかいうとなんか冷たい感じ、血が通っていない感じがしませんか？

僕はクライアントの代理店さんに対しては必ずしも「上」とも自分が「下」とも思っていません。それは先ほどの話に通じるのですが、僕らは例えば代理店さんができない専門的な仕事を提供しているので、お金の商流はあれど、業者や外注ではなく「パートナー」だと思っています。言われる側の立場になると気になるということは、逆の立場になったら、我々も協力会社さんに対してはそうなので、意識すると良いと思います。

ということで、すべては同じニュアンスの話でしたね。もちろん立場が「上」とか「下」は、クライアントにしても、上司・部下など正直あります。ですが、使い方や利用するシーン、相手への配慮などを考えながら言葉を上手に使うと、周りから良い印象を持たれると思います。

ちなみに僕の母校、慶應の創始者である福沢諭吉先生も言ってました（普段はそんなに敬愛はしていないです）。

「天は人の上に人を造らず人の下に人を造らず」

でも実はこれ、「人類は皆平等」っていう話ではなくて、意味としては「天は人を平等につくるけど、人の世の中は平等にはできていない。そして、その差は学問をしたか、しなかったかによって生まれている」ということを言っており、つまり我々は同じ人であるのに、仕事や身分に違いが出るのはどうしてだろうか。同じであるのに違うのならば、違う部分があるのであり、その違う部分というものこそが、「学ぶ」と「学ばない」とにあるのである。人の違いは、生まれつきにあるのでなくて、学問に励んだのか、励まなかったのかにあるのだ、ということです。

冒頭の言葉の話とは趣旨が違いますが、「学び」は大切ということで、ご参考までに。

傾聴力

流行りの1on1で大事なことは「聞くこと」

昨今のビジネス界隈では1on1という、いわゆる上司と部下が1対1で行うミーティングが流行っております。その効果としては、部下の成長を促進し、能力を引き出しやすいことや、承認欲求を満たすこと、上司と部下の信頼関係も築きやすくするといったメリットがあるといわれています。

うちの会社では毎年1回、自己評価表を社員がつけて、スタッフは一人ひとり各ユニットのリーダーと面談を行ってもらうのですが、その流れで僕は全社員と1on1で面談をすることに決めています。最近では社員が30人近くになってきたので、一人30分だとしても15時間はかかるのですが、普段なかなか面と向かって聞けない話を直接聞くことで、社員一人ひとりと向き合うことにしています。

そのなかで、僕が心がけていることがいくつかあるのですが、一番はとにかく「話を聞くこと」です。１ｏｎ１の一番ダメな例が、結局上司ばかりが話して、気づくと終始説教をしていたといったことで、それだと何のための対話なのかわかりません。上司が自分の話をしたいだけなら、複数のスタッフを集めてまとめてやればいいし、部下からしたら上司の話なんて聞きたくないですから、良かれと思ってやっている１ｏｎ１のメリットを見出せないのです。

ですので、一番のおすすめは単純で、とにかく上司、リーダーは「聞き手」に回って、部下の話を聞いてあげてください。その部下が普段何を考えているのか、何につまずいていて、何にやる気を出して、何に不安で、何にこだわっているのか、ひたすら傾聴することで部下のことを知ることができ、また部下との信頼関係も築くことができると思います。

そのためには、相手に興味を持つこと、相手をよく観察すること、相手を敬うこと、自分本位にならず聞く耳を持つ、相手に時間を使わせる配慮が大事だと僕は考えます。そうやって、一人ひとりの話を聞くことで、「この人は自分のことをきちんと見てくれている」と思ってもらいましょう。

話し上手は聞き上手？

例えば、好意を寄せた女性や恋人から「あなたの話はつまらない」と言われたとします。みなさんならどうやってそれを克服しますか。トークスキルを磨いたり、お笑い要素を増やして話を面白くしようとしたり、たくさんの雑学を用意してためになる話を入れたり、表情を豊かにしてみたり、そんなことを思い浮かべる人もいるかと思います。

しかし、それは根本的な解決にならないと思うのでやめましょう。おそらく、女性に「話がつまらない人」と言われてしまう原因は、「自分の話が面白くない」のではなく、「話を聞いてくれない人」もしくは、「自分の話しかしない人」だからなのだと思います。

よく女性は、自分の話を聞いてほしい生き物だなんていわれていますが、話を聞いてくれなかったり、自分の話ばかりする人とは楽しく会話ができません。話す内容は、共感してほしい、聞いてほしいのであって、そこに正論や最適解は求めていないのです。隣で、うんうん言って、ときどき話を引き出してくれて、共感してくれて、褒めてくれて、時に慰めてくれる人が「話が面白い人＝話していて楽しい人」なのです。

極端な例として女性としましたが、仕事においての会話、部下と上司、得意先とでも同じことが言えると思います。リーダーたる者は自分のプレゼンももちろん大事ですが、チームメンバーの話に耳を傾ける「傾聴力」のある人こそが向いているのだと思います。まあ、そんな偉そうに言っている僕も、妻の話はだいたい話半分に聞いているときがありますが。

カウンセリングの基本は「聞くこと」

妻の話が出たので紹介しておくと、僕の妻は二つ年上で、今は助産師をしています。仕事柄、産後うつの人のカウンセリングをすることも多く、カウンセラーの資格を持っているわけではないのですが、その辺りには詳しいので、僕も何か困ったときにはアドバイスをもらうようにしています。

例えば、社員が30人近くいると、メンタル的にまいってしまう人や精神的な悩みのある人、時には医師の診断によりうつ症状や適応障害になる人もけっこういます。今では会社として、産業医と産業看護師のサポート制度を導入し、専門家をつけるようにしたのですが、昨年まではそういった相談があるとすべて僕が対応していました。

そのときには、そのつど妻に相談し、話を聞いてもらっていたのですが、毎回言われるのが「とにかく余計なことは言わなくていいので話を聞くこと」だというのです。精神的に少しまいっている人から悩みを打ち明けられると、素人はついつい改善策を提案したくなったり、余計なことを根掘り葉掘り聞いてしまいがちなのだそうです。それでは、むしろ悪化して、相手が「この人に話しても無駄だ」と心を閉ざしてしまう危険性もあるそうなので、最初は特に「話を聞く」ことに専念したほうが良いとのこと。

これはかなり前に退職された方の話なのですが、その方は、

「働いていると幻聴がする。他の社員からも話しかけられているような声がずっと聞こえたり、家にいても声が気になってしょうがない。私のこと、いつも皆さん噂してたりしないですよね？」

と真剣な表情で僕に打ち明けました。妻のレクチャーがなければ、僕はひょっとしたら「そんなことあるわけない」「何かの間違いでは？」と、その人がおかしいといった感情を持ってしまったと思います。ですが、初めてのケースで戸惑いながらも、とにかく話を聞くことにしました。ときどき会うと「最近大丈夫ですか」と声をかけたり、定期的に話を聞きながら一緒に今後のことを話し合いました。

ひとまず一度休むことにして、それからも定期的に状況をうかがって会ってまた話を聞いて、また休んでを繰り返したのですが、それくらい根気よく話を聞いて向き合うことにしました。結果的には、その方から「これ以上お休みするとご迷惑がかかるので」ということで、自ら退職の意思をいただくことになったのですが、その際も「私の変な話をずっと聞いてくれてありがとうございました」と、とても感謝されました。

今でもときどき僕はそのことを思い出したりするのですが、それでもあのとき、根気よく話を聞き続けることができて良かったと思っています。今の時代、会社はそう簡単に人を解雇することはできません。症状によっては休職の権利もあるし、それが長びいても本人の意思がなければやめさせることはできません。

もちろん明日は我が身で、僕だって誰だって紙一重で、仕事やプライベートでいつ自分のこころが病んでしまうかわかりません。そんなときも、この傾聴力、人の話を聞く力、というのは絶対にリーダーには必要な力だと日々感じています。

アドバイスを求めたら素直に実行しよう

これからする話は僕自身も何度も感じているし、実行してきた話で、多くのリーダーからの受け売りだったりもするのですが、アドバイスを求められたときどうすべきかについてです。

リーダーになると、後輩だったり、部下だったり、時にはクライアントだったり、周りにいるいろいろな人からアドバイスを求められることがあります。その際、今までの経験を振り返って、親身になって、話をたくさん聞いて、時間を使って相手にアドバイスをしたりすると思います。人に頼られると嫌な気はしないし、何より自分を頼ってきているのだからなんとか力になってあげたいと思うのはリーダーに必要な素質だと思うのですが、そのときにしたアドバイスを試してもみないのに否定して実行しない人ってけっこういませんか？

こちらがせっかく親身になって答えたアドバイスなのだから、素直に聞いてまずは実行してくれればよいのに、変なアレンジをしたり、なんだかんだやらない理由を探して結局やらなかったり、「いや、でもそれは違うかな」などと否定する人がいます。

こちらとしては、アドバイスを求められたからしたのにって思いますよね。逆を考えてみるとわかりやすいのですが、自分がアドバイスのとおりに実行して、もし失敗したとすると、そのアドバイスをくれた人の助言が悪かったっていうことになります。

つまり、相手はそのリスクを背負ってアドバイスしてくれているので、まずは求めたからにはそのとおり実行するのが筋で、そうすることによってその人もきっと応援してくれるし、信頼関係も深くなると思うのです。

僕も多くのポジションでリーダーでありながら、時に自分の先輩や自分より経験や知識のある方にアドバイスを求めることがあります。創業の現会長ともよくご飯を食べるのですが、経営に関して僕はまだまだ経験が浅く、40年経営者をやってきている会長からもらうアドバイスはとても役に立つものばかりです。

例えば、以前スタッフの役職の昇進について、僕は部門長からの推薦制度を作りました。つまりリーダーからの推薦があれば、そのチームのスタッフを昇格させることができる、といった新しい評価制度です。

我ながら良いアイデアだと思って社内に大々的に発表したのですが、そこからどうなったかというと、向こう2年くらい、その推薦制度を使って「この部下をそろそろ昇格させたい」という部門長は1人もいませんでした。僕はこのことを会長に相談したのですが、会長はこう言いました。

「そりゃそうだ、部門長だってリーダーではあるが、所詮同じ営業。後輩の昇進は怖かったりするもので、何かと理由をつけて部下を昇格させないもんなんだよ」

確かに、部門長に僕から促しても「いや、まだまだ彼は（彼女は）、早いです」とか言っていたなと気づきました。そこで会長は僕に、

「そんなのは社長の君が独断で決めて若い人をどんどん昇格させたほうがいい」

とアドバイスをくれました。僕はそこから、まずは若い人がより昇格できるように、今までなかった「アシスタントプロデューサー」という役職をつくり、スタッフをどんどん昇格させました。今では30代含めプロデューサーが10人以上と、僕が入社してから一番多くなりました。

役職がつくと、給与が上がることもあってそれぞれモチベーションが高くなるし、責任感も出てくる。今までは人任せだった仕事も自分で完結するようになり、なんとなく風格や自信もついたように見えます。僕はその効果を見て、会長のアドバイスをそのまま実行して良かったと思ったし、やはりそこは自分より何十年も多く経営者をしてきた人だから

わかることで、僕の選択は間違いだったことにも気づかされました。

それもこれも、人の言葉を聞き入れる柔軟さがなくてはいけないので、それはリーダーにも必要な力であると僕は思います。

社長コラム

「お悩み相談にのるとき」の話

みなさんは「悩み」がありますか？　僕はこういう性格なんで、悩みをあまり悩みと思っていないところはあるのですが、逆に人の「悩み相談にのる」ことが結構あります。まぁ、悩み相談自体はそんなに嫌いじゃないので、僕なんかに相談して何か少しでもいいことがあるならと喜んでするつもりではいます。

では、そんな「お悩み相談」を人からされたときに、どう対応したら良いか？　僕なりの「お悩み相談」ののり方をお伝えします。こんなのを書いたら、次から僕に「悩み相談」しづらくなっちゃうのかはわからずに書いていますが、まぁ、多分大丈夫でしょう（笑）。ポイントは三つあります。

1．相手の悩みがどのようなものか、分類する。

以前、コラムで失敗をドキュメント化したほうが良いと書いたことがありましたが、似た発想です。この思考パターンは、いろいろ応用が利くかもしれません。例えば、聞いた悩みがどのようなものか？　また、相手が何を求めているかを分類、分析してみましょう。考えられるパターンをあげてみますね。

①ただ聞いてほしいパターン

結構これがほとんどなんじゃないかと思ったりします。偏見ではないですが、女性に多いかな。多分、悩みを聞く、共感する、なだめる、褒める、これだけで解決できると思います。

②悩みが怒りに近いパターン

これもありますね。悩みが原因で、イライラして納得がいかず、怒っていること。これも話をゆっくり聞いてあげれば解決することがありますが、一つ対処があるとしたら、何について怒っているか、納得がいかないか、イライラしているかを紐解いてみると良いと思います。感情的になって冷静さを失っているだけかもしれないし、ただただ相手のことが許せない、あるいは嫌いなのかもしれません。怒りは案外冷静に紐解いてみると、「あ、なんだこんなことだったのか」と、たいしたことではなかったと気づくことが多いです。時には紙に書き出したりするのも良いと思います。実際は、あんまり書くことがなかったり、紙に書いたのを見ると、恥ずかしいくらいくだらなかったりします。

先日とある社長さんが言っていたのですが、自分の感情を客観的に理解して、認めてあげると良いと。例えば怒ってる人がいたら、あなたは今怒ってる、ということを自己認識させてあげると良いかもですね。

③病んでいるパターン

これは結構深刻です。この場合、原因は「悩み」なのですが、そこから派生したメンタル不調に対するケアが必要です。つまり、悩み自体の解決よりも、リフレッシュするとか、休むとか、思考を変えるとか、違う解決手段を提案するほうが良いでしょう。その他にも、実はあんまり悩んでいないパターンや、間違った解決方法で苦しんでいるパターンなど、かなり細分化されるので、まずはゆっくり話を聞いて、聞いている間に分類できると良いと思います。

2．答えを出そうとしない

悩み、問題＝解決、答え、と捉えがちで、人って相談されると、使命感からなんとかその人にとっての最適解を提案したくなるものです。この場合、例えば先ほどの①の「ただ聞いてほしいパターン」の人には刺さりません。だって、聞いてくれればいいのであって、答えを求めていないから。

また、本当に悩んでいる場合も、結論から言うと解決するには結局その悩んでいる人が、納得がいく答えを自分で探して進まないと、あまり意味がない、解決しないのです。

となると相談された側は、答えを提示するよりは、「答えを自分で探す手助け」をすると良いと思います。

そのためにはじっくり話を聞いて、正しいほうへ誘導していく。例えば「で、○○さんはどうしたいの?」って聞いてみると、案外自分で答えを持っていたりします。それが引き出せたら、もう解決ですね。

3. その人だけ(片方だけ)の話を聞いて判断しない

社内とか、友達同士とか、彼氏彼女とか、相談された人とその対象となる人の両方を知っている場合には特にですが、片方からだけの意見を聞いて判断してしまうのは、危険です。だいたい人って、自分のいいように解釈したり、都合のいいように伝えたがったりするので、その人目線の話にどうしてもなりがちです。でも、もしその対象となる人とも話せるなら、そっち側の話を聞いてみると良いと思います。おそらく、半分聞いた話で、半分は違う意見や事実が見えてくると思います。仲の良いカップルがいたとして、彼氏と彼女両方の話を聞いたうえで、結局解決するには当人同士が話すしかないのかもしれません。

ということで、まとめると「お悩み相談」は聞いて聞いて、聞き出して、本人が前に進めるように本人を導く、という感じですかね。みなさんも相談にのることがあったら、このコラムを少しだけ思い出してみてください。ちなみに、社員の相談は喜んでのりますので気軽に声かけてください。ですが、僕ルールとして前にもコラムに書きましたが、

・その人の上長のやり方は否定しない

・愚痴や不満は聞きすぎない

・片方だけの話は真に受けない

ので、そこは期待しないでくださいね。

話を聞くのは、結構得意です。

寄添い力

近づきたければ通うこと

営業力を発揮するために、クライアントのところに通い詰めるといった古典的な手法があります。よくドラマで、話を聞いてもらうために相手の家に毎日通って顔を覚えてもらい、最後には「君もしつこいね、わかったよ。気にいった」みたいなシーンがあると思うのですが、以前会長からそんなドラマのような話を聞いたことがあります。

うちの会社が万博の仕事を手がけていたとき、どうしても予算が足りず、会長は京都にある京セラの創業者、故稲盛和夫氏の家に通い詰めたというのです。最初は門前払いだったのが、徐々に顔を覚えてもらい、最後は自宅に招き入れてもらい直接話をして協賛などの目的を達成したそうです。その粘り強さと根性、メンタルの強さで会社を大きくしていったのだと思うと、すごいなと思います。

僕は今現在、吉本芸人ダイノジさんの公式YouTubeの制作プロデューサーを担当しているのですが、これも何の接点もないところから徐々に関係値を築いていきました。

お笑いの好きな僕は、ダイノジさんのことを昔からオンバトやM－1グランプリ、めちゃイケや、ゴッドタン、エアギター、ＤＪダイノジなどで知っていてとても好きでした。あるとき、別の有名な芸人さんが作ったスナックが都内にありまして、そこでダイノジのお二人が1日ママをやるという「スナックダイノジ」を開催していました。ミーハーな僕は、テレビで見ていた芸人さんとお酒が飲めるなんて滅多にない機会だと思い、会社の後輩を連れて参加することにしました。

参加するにあたってコンビの活動をいろいろ調べていたのですが、そこで当時クラウドファンディングをやっていることをかぎつけ、これは良い機会だと支援することにしたのです。狙ったリターンは「忘年会に呼べる券」。たまたま翌月に弊社の40周年記念パーティが控えていたので、あわよくばゲストに呼ぼうと。

自分からその話を持ちかけると、ちょうどスケジュールも何とか合いそうで、僕はそのスナックの場で20万円を決済し、パーティのゲストを依頼したのです。その後、西麻布のクラブを貸し切って行われた40周年パーティにダイノジさんが来てくださり、ＤＪダイノジでもちろん会場を沸かしてくれたのですが、さらに社員だけで行う2次会も最後まで参加してくれたうえに、抽選会の司会を急遽するなど大サービスをしてくれました。このことでさらにファンになったのでその後もダイノジさんの活動を追いかけることにしました。定期的に行われるスナックには、何度も社員を連れていって参加し、トークライブなどもチケットを購入して見にいくようにしました。

こうして面識ができて、LINEやFacebookでもつながるようになったあるとき「深澤さん、よかったら大分で行われる湯ぶっかけまつりの撮影に来てもらえませんか？」というお話をいただきました。僕は、イベント・広告制作の会社をやっていると話していたのですが、ダイノジさんからは撮影や映像制作も得意な会社に見えているのだなと思い、まつりに会社のメンバーを連れていく計画を立てていました。しかし、その頃コロナが始まってしまい、結局まつりは中止となってしまったのですが、僕はせっかく映像系の会社と思われているなら、ダイノジさんの映像を撮りたいと密かに思うようになりました。

そして、その頃考えていたYouTube制作の話をダメもとで切り出すことにしました。「YouTubeやらないんですか？　もしやるときは手伝わせてください」と。すると、やりたいとは思っていたけどどう始めてよいかわからなかった、もし手伝ってくれるならお願いしたいと言われ、そこから話がトントンと進んで公式YouTubeを担当させてもらうことになりました。

我ながら今に至るのはダイノジさんとの接点をつくるために、ひたすら寄添った結果だなと思いますし、YouTubeを制作するうえで、ダイノジさんの普段の活動や行動、趣味嗜好をすべて把握しておかなければ務まらないので、常に行動をチェックし撮影以外でも接点を持つようにしています。

もちろん、それだけ寄添うためには、まずは相手のことをよく知って、コミュニケーションをとって、またその先の目標やビジョンを持つことが大切です。そうやって自分の目的のために、時に粘り強く、掴んだ相手に寄添える力は、ビジネスのうえでもとても必要なことだと僕は考えます。

まずは、仕事を一緒にするクライアントを好きになること

昔、会社の先輩に「この仕事をするうえで大事なことはそのクライアントを好きになること。だからそこから始めると良い」と聞いて今でもアドバイスどおり実行しています。

広告やイベントの仕事をしていると、いろいろなクライアントと仕事をする機会があります。例えば、カメラの記者発表を頼まれたら、本番までの間カメラのことばっかり考えなくてはいけません。そうかと思うとまたクライアントが違えば、それがビールだったり、パソコンだったり、プロ野球だったり、化粧品だったり、環境問題だったり、東京都の普及啓発事業だったりします。

そうやって、常に複数のクライアントと同時に仕事をしていくなかでは、膨大な知識を短期間で身につけなければいけないことも多々あります。また、時には仕事が辛かったり、理不尽な要求をクライアントから受けることもあります。そうした場合に大事なのは、そのクライアントや扱う商材のことを好きになる努力をするということです。

これは恋愛とも似ていて、まずは相手のことを知る。そして相手が何を考えているかを想像するのです。相手の持っている商品は、時には自分で買って試すくらい興味を持って、その特徴や何が他社と違うのかを理解する。SNSやWebもチェックし、最新の情報をインプットする。これって、好きにならなければ苦痛以外の何ものでもありませんが、逆に好きだったら苦もなくできるはずです。

例えば音楽が好きだったら、そのアーティストのCDも買うし、曲も聴くし、ライブにも行くし、グッズも買うし、SNSもチェックするし、テレビやラジオも見たり聞いたりします。そうやって、クライアントのことを好きになる力、深掘りしながら興味を持って知識を蓄えていく根気と寄添い力が、リーダーには必要なのです。

僕は社員の面接のときには、その人が何を好きなのかを必ず聞くようにしていて、その好きの度合いを見極めて、その知識量や本気度を確かめるようにしています。その中に、他の人には負けないほど好きなものを突き詰める力を感じた人には、リーダーとしての素質を感じて評価し、採用をすることが多いです。僕の好きな言葉、座右の銘「好きこそもののの上手なれ」が、結局一番なんですね。

社長コラム

「ファンになることで学ぶこと」の話

みなさんは誰かのファンですか？　ファンだと言えるくらい、熱狂的に好きな人やアーティスト、スポーツ選手やチーム、作家などはいますでしょうか。僕はというと、高校生の頃は新日本プロレスと歌手の谷村有美さんのファンで、ライブにも頻繁に行ったり、ラジオを聞いたり、ファンクラブに入っていました。

好きな言葉、座右の銘は？と聞かれると、彼女の歌のタイトルにもある「好きこそものの上手なれ」と答えています。

最近はというともっぱら娘の影響でＴＷＩＣＥのファンになってしまったもんで、ハイタッチ会に行きましたし、ジュースのＣＭにＴＷＩＣＥが登場したときは、９人別々のキャラクターの５００mlペットボトルをコンプリートするために、東京中のコンビニを探し回ったりしました。

そして、今月末にはコンサートに行こうと企んでます。しかしながらうちの妻はそういうエンタメに興味がなく、高いお金を出してまで小学生を遠くのコンサートに連れていくことに若干反対気味なので、「幕張メッセの知り合いからチケットをもらった」とイベント会社ならぬ、相当大物な業界人のフリをして、娘を連れ出す作戦を立てています。

さて、そんな娘たち3人はＴＷＩＣＥの大ファンなのですが、僕はどんどん「ファン化」することを推奨しています。なぜなら「ファン」になる、「ファン」となれる対象をつくることは、子どもにとって非常にいい教育になると思うからです。理由を紹介します。僕の持論ではありますが、子育て中のお父さん、お母さんは少し参考にしてみてください。

1. 応援することを学ぶ

僕は、誰かを「応援する」って素敵なことだと思うんです。なので、ファンとなり応援する対象がいるということは、誰かを「応援」することに慣れたり、そういう優しい気持ちを育んでくれる気がします。それはもっと広げるとクラウドファンディングなどの支援や、被災地への寄付行為、国際協力にもつながるのかもしれません。

2. 相手のことを深く知る

ファンになると当然ながら、その相手のことをたくさん知りたくなり、探究心が生まれ、自然といろいろ調べたり、記憶したり、学んだりします。一つのことを深く追求することは大人になってからもとても大事で、知識補完などの知への欲求が培われると思います。例えば野球も、野球の試合自体が面白いだけでなく、選手の名前や特徴、データや成績などを深く知ることで、より楽しさが増しますよね。

3. 憧れと夢を持つ

誰々みたいになりたい、とか、誰々に会いたいとかいう心理は、ある意味自分の高い目標となったり、思い描く理想像となるので、子どものうちから目標を設定することができます。それが現実的なら「憧れ」だし、高い壁なら自分の将来の「夢」として、大きな存在になります。

4. 流行りに敏感になる

だいたい子どもが「ファン」になるのは誰かの影響や、周りの「流行り」に乗っかっていることが多いですが、小さいうちから「流行り」に敏感になることはとてもいいことです。友達とのコミュニケーションも増えるし、流行りをいち早くキャッチする術を自然と身につけることができます。

5．モチベーションになる

例えば好きなアーティストに会えるなど、目の前に「目標」があることで、日々モチベーションが保たれ、自分も頑張るようになります。うちの娘も、ＴＷＩＣＥのおかげで踊りを頑張っていて、自分たちが習っている「新体操」がとても上手になっています。

つまり「ファン」になることは、いろいろと子どもにとっても刺激的でいい影響を与えてくれるものなのではないかと思います。また、よく見ると大人にもいくつか置き換えられたりすると思います。今あなたが好きなものは、自信を持ってこれまで以上に追求していくことをお勧めします。ちなみに「ファン」となれる対象がいない方も結構いると思います。「ファン」になるコツは、自分で少し無理矢理にでも「ファンになる」と決めて、周りに公言すると良いのです。

僕自身も今までは娘に付き合っていただけでしたが、本日のコラムをもってＴＷＩＣＥのファンを公言しました（笑）。

あとがき

今回いろいろな目的があって、本書を書こうと決意しました。28歳で初めて入社した会社の社長に30代でなって、5年が経ちました。45歳を節目に、僕もまた新たなことに挑戦をしたいと思い、そのきっかけの一つとして自分の人生を振り返ることにしました。

リーダー論を語るなんて、しかも書籍にするなんて、さぞかし立派なリーダーなんでしょうと思われるだろうし、自分で自分の優れたところをアピールするようで、今思うとこんな恥ずかしく、チャレンジングな行動はありませんでした。

しかしながら、一つひとつ自分の周りに起きているエピソードを思い出しながら、バンドの夢破れて就職してから今まで自分ががむしゃらに努力してきた軌跡を、自分自身で整理して言語化することができ、とても充実した執筆活動でした。

こんな本まで書いておいて何ですが、僕自身自分が突出した優れたリーダーだとは思っていません。たぶん、ちょっとだけ要領が良くて、ちょっとだけいいやつで、ちょっとだけ運がいいだけなんだと思います。

ただ、世の中には才能にあふれた、優れたリーダーなんてそうそういないとも思っています。僕が伝えたかったのは、リーダーに必要な力は実はそこら辺にある当たり前のことで、自分の心の持ちようだったりするので決して特別な能力ではなくて、小さなことの積み重ねで培っていくものなのだということです。

ビジネスには、弊社の社名にもあるように人とのコミュニケーションが大事で、その使い方や考え方の角度を少し変えることで、誰しもが立派なリーダーになれると思います。今リーダーとして奮闘している方々や、これからリーダーになるために努力している人たちの、少しでもヒントやきっかけになればいいと思った次第です。

僕自身もこれからもっともっと優れたリーダーを目指していきますし、これからも社員の前に立って、先頭を進んでいこうと思います。最後まで読んでくださり、誠にありがとうございました。

深澤哲洋（ふかさわ・てつひろ）

1978年5月3日、東京都小金井市に、男３人兄弟の次男として生まれる。

趣味・特技は料理と音楽、現在は３人の娘の父親。

小中学校は地元の公立、その後慶應義塾志木高等学校、慶應義塾大学経済学部を卒業。大学卒業後は学生時代のバンドメンバーと音楽の道でプロを目指し、ＣＤ２枚をリリースしインディーズデビュー。その後、27歳でバンドを解散し、2006年に現在の会社、株式会社サンコミュニケーションズに中途で入社。

入社後は、スポーツや企業、行政などさまざまなイベントプランニング・プロデュースを経験し、2018年39歳で社長に就任。会社経営の傍ら、プロモーション、イベントプランニング・プロデュース、吉本芸人ダイノジのYouTubeプロデューサー、そして新たなビジネスや事業にも挑戦を続けている。

新時代《しんじだい》のリーダーに必要《ひつよう》な12のチカラ

2023年10月11日　第1刷発行

著　者　　深澤哲洋
発行人　　久保田貴幸

発行元　　株式会社 幻冬舎メディアコンサルティング
〒151-0051　東京都渋谷区千駄ヶ谷4-9-7
電話　03-5411-6440（編集）

発売元　　株式会社 幻冬舎
〒151-0051　東京都渋谷区千駄ヶ谷4-9-7
電話　03-5411-6222（営業）

印刷・製本　中央精版印刷株式会社
装　丁　　野口萌

検印廃止

Printed in Japan
ISBN 978-4-344-94582-1 C0095
幻冬舎メディアコンサルティングＨＰ
https://www.gentosha-mc.com/